# Basiswissen

Politik / Geschichte / Ökonomie

Ulrich Schneider

# Buchenwald

## Ein Konzentrationslager

*PapyRossa Verlag*

Eine Übersicht aller Titel der PapyRossa-Reihe
Basiswissen Politik / Geschichte / Ökonomie
finden Sie unter shop.papyrossa.de/basiswissen


Luxemburger Str. 202, D-50937 Köln

Tel.: +49 (0) 221 – 44 85 45
Fax: +49 (0) 221 – 44 43 05
E-Mail: mail@papyrossa.de
Internet: www.papyrossa.de



Druck: Interpress, Budapest

Die Deutsche Bibliothek verzeichnet diese Publikation in der Deutschen Nationalbibliografie; detaillierte bibliografische Daten sind im Internet über http://dnb.d-nb.de abrufbar

ISBN 978-3-89438-845-4

# Inhalt

# Warum dieses Buch?

Am 19. April 1945, nach der Befreiung des Konzentrationslagers, formulierten die Überlebenden auf dem Appellplatz ihren bis heute überdauernden »Schwur von Buchenwald« als politisches Vermächtnis: »Die Vernichtung des Nazismus mit seinen Wurzeln ist unsere Losung. Der Aufbau einer neuen Welt des Friedens und der Freiheit ist unser Ziel«. Davor stand der Überlebenskampf, die »Vernichtung durch Arbeit« in einem auf den Krieg ausgerichteten Lager, dessen konkrete Bauplanungen im Frühsommer 1937 auf dem Ettersberg bei Weimar Gestalt annahmen, aber auch der Häftlingswiderstand.

Daran zu erinnern, bleibt eine Aufgabe für heute und morgen. Zwar findet man auf dem Buchmarkt oder in Bibliotheken zahlreiche Bücher, die sich mit dem Thema KZ Buchenwald beschäftigen. Auch in der Gedenkstätte sind Kataloge und Publikationen zu Einzelaspekten der Lagergeschichte zu erhalten. Doch dieses Buch unterscheidet sich in mehrerlei Hinsicht von den vorherigen Veröffentlichungen.

Es erhebt nicht den Anspruch, alle Themenbereiche abzudecken. Das ist bei dem gewählten Reihenformat weder möglich noch geplant. Es geht vielmehr darum, einen ersten substanziellen Überblick zur Geschichte dieses Konzentrationslagers zu vermitteln. Der Band ist so angelegt, dass er zur Vorbereitung auf einen Besuch der Gedenkstätte Buchenwald genutzt werden kann. Es gilt auch bei Gedenkstättenfahrten der Satz: »Man sieht nur, was man weiß.«

Der wesentliche Unterschied dieses Buches gegenüber anderen verdienstvollen wissenschaftlichen Veröffentlichungen besteht darin, dass die Darstellung des Lagers aus der Perspektive der ehemaligen Häftlinge erfolgt. Über die historischen Fakten hinaus ist gerade die Geschichte eines Konzentrationslagers vielfach geprägt durch die Sichtweise der Betroffenen. Aus biologischen Gründen ist die Ära der Zeitzeugen faktisch abgelaufen. Diejenigen, die von Beginn an das Lager und seine Strukturen politisch bewusst wahrgenommen haben und die den Nachgeborenen in den 1980er und 1990er Jahren umfänglich als Zeitzeugen ihre Sicht auf Buchenwald nahegebracht haben, leben nicht mehr. Manchmal haben sie ihre Erfahrungen verschriftlicht, es wurden zahlreiche (Video-)Interviews mit ihnen gemacht, die teilweise substanziell, teilweise oberflächlich, manchmal aus einem spezifischen Erkenntnisinteresse nur Einzelbereiche behandelten. So wertvoll solche Videos auch sind, für Nachgeborene können sie nur eingeschränkt das Fehlen der Zeitzeugengeneration ersetzen. Insbesondere können sie nicht auf Fragen, die von jüngeren Generationen gestellt werden, Antworten geben.

Im Archiv der Gedenkstätte finden sich viele Zeitzeugenberichte, die in Veröffentlichungen eingeflossen sind, etwa in »Konzentrationslager Buchenwald – Bericht des Internationalen Lagerkomitees Buchenwald« (1945), in die Dokumentation »Buchenwald. Mahnung und Verpflichtung« (1960), in den »Buchenwald-Report«, herausgegeben von David Hackett (1945, veröffentlicht 1995) oder in den Band »Buchenwald. Ein Konzentrationslager« (2000). Sie sind als Quelle für Kundige eine wahre Fundgrube, als Einführung in die Lagergeschichte jedoch nur schwer nutzbar, weil sie ihre eigene Entstehungsgeschichte und ihren jeweiligen historischen Kontext haben, ohne den sich ihre Aussagekraft nur schwer erschließt. Immer wieder ist es bei Nachgeborenen zu erleben, dass sich ihnen dieser Kontext auch deshalb nicht mehr erschließt, weil ihnen das Korrektiv bzw. der Kommentar eines Zeitzeugen fehlt. Dass in der Retrospektive selbst Zeitzeugen einander widersprechende Aussagen machten, konnte man vor einigen Jahren bei einer

Befreiungsfeier erleben, wo ein über Hundertjähriger glaubte, einen verstorbenen deutschen Mithäftling öffentlich kritisieren zu müssen.

Was bedeutet unter diesen Voraussetzungen die »Perspektive der Überlebenden«?

Zunächst geht die Darstellung von den Schilderungen der Häftlinge aus, weniger von den Materialien und Dokumenten, die auch auf Seiten von der SS zu finden sind. SS- und Lager-Dokumente waren »Herrschaftsakten«, selbst wenn sie von den Gefangenen in der Häftlingsschreibstube erstellt wurden. Gleichzeitig haben die inzwischen in den *Arolsen Archives* zu findenden Transportlisten ihre ganz eigene Geschichte, die sowohl von der Rettung als auch vom Tod berichten.

Als Schilderungen der Häftlinge sind nicht nur Einzelberichte, sondern insbesondere kollektiv erstellte Darstellungen von Bedeutung. Jeder einzelne Häftling konnte nur einen kleinen Ausschnitt der Lagerwirklichkeit sehen. Pierre Durand* sprach davon, es hätte viele Buchenwalds auf dem Ettersberg gegeben. Von Zeit zu Zeit entstanden daraus Fehleinschätzungen und – nach der Befreiung – auch Anschuldigungen gegenüber Mithäftlingen, die nach 1990 als »Quellen« zur »wissenschaftlichen« Denunziation der »roten Kapos« missbraucht wurden.

Im Kollektiv der Überlebenden entwickelten sich in den Jahren nach der Befreiung tragfähige Einschätzungen, auch wenn die Bereitschaft, sich mit schwierigen Themen öffentlich zu beschäftigen, angesichts des Ost-West-Konflikts und geschichtspolitischer Kontroversen nur eingeschränkt vorhanden war. Denn die Gedenkstätte Buchenwald war nicht nur ein Ort, den die DDR als Ausdruck ihres anti-

* 1923-2002, Kommunist, Kämpfer in der Résistance, französischer Häftling, langjährig Präsident des Internationalen Komitees Buchenwald-Dora und Kommandos – IKBD.

faschistischen Selbstverständnisses gestaltete, auch seitens der bundesdeutschen Geschichtswissenschaft wurde die Gedenkstätte für ideologische Angriffe und als Referenzfolie für Geschichtspolitik genutzt. Wer zum Beispiel in den 1980er Jahren aus Westdeutschland mit Jugendgruppen nach Buchenwald fuhr, war Diffamierungen durch die CDU ausgesetzt. Verleumdungen der Gedenkstätte hat es nach dem Ende der DDR 1989/90 weiterhin gegeben. Nicht allein die *Bild*-Zeitung tat sich mit Denunziationen der »roten Kapos« bei der Erinnerungsarbeit hervor, Forderungen nach »Abwicklung des Antifaschismus« und Umschreibung der Geschichte wurden auch von Politikern erhoben. In dieser Zeit war es insbesondere den Überlebenden des Lagers Buchenwald aus dem In- und Ausland zu verdanken, dass sie mit ihrer persönlichen Integrität derlei haben verhindern können.

Der Verfasser hatte das Glück, an Tagungen und Begegnungen mit Überlebenden – insbesondere der bundesdeutschen Lagergemeinschaft Buchenwald-Dora – teilzunehmen und deren intensive Diskussion zu kontroversen Themen verfolgen zu können. Zudem lernte er im Laufe der Jahre überlebende Frauen und Männer aus verschiedenen anderen Ländern persönlich kennen, aus den Niederlanden, aus Frankreich und Italien, aus Israel, Österreich und Ungarn. Ihre Perspektive war noch einmal eine gänzlich andere, war sie doch mit dem eigenen Patriotismus* und der spezifischen Verfolgung als Zwangsarbeiter, als Kind im Lager und mit anderen Erlebnissen verknüpft.

---

* Der Begriff »Patriotismus« bzw. »Patriot« mag heute für Irritationen sorgen. Jedoch verstanden sich fast alle Frauen und Männer im Widerstand in den okkupierten Ländern als Patrioten, die – unabhängig von ihrer jeweiligen politischen Überzeugung – für die Freiheit ihrer Heimat kämpften. Der Begriff steht dabei nicht im Widerspruch zum Internationalismus. So lautet der Titel eines Films über Peter Gingold und andere Deutsche in der französischen Résistance »Frankreichs fremde Patrioten«.

Diese Erfahrungen des inhaltlichen Austausches mit solchen Zeitzeugen, ihren Berichten und Perspektiven, ihrem jeweiligen Fokus in der Beschäftigung haben dazu beigetragen, dass der Verfasser eine vielschichtige Sichtweise auf die Wirklichkeit des Lagers entwickeln konnte. Das ist keine »Multiperspektivität«, wie sie in der heutigen Geschichtsdidaktik gerne hochgehalten wird. Was in dieses Buch keinen Eingang findet, ist die Sicht der SS und der »Volksgemeinschaft«, der Mehrheitsgesellschaft außerhalb des Lagerzauns also. Es ist stattdessen eine Vielschichtigkeit, die von den unterschiedlichen Perspektiven der Häftlinge ausgeht und die Zeugnisse der Überlebenden in den Mittelpunkt stellt.

# I.
# Die Entstehung des KZ Buchenwald

## Warum ein Lager auf dem Ettersberg?

Im Rahmen der Umstrukturierung des faschistischen Lagersystems, d. h. der Auflösung kleinerer Lager, zum Beispiel des KZ Lichtenburg und anderer, und der Schaffung größerer Konzentrationslager, die für eine dauerhafte Unterbringung von Gefangenen angelegt waren, wurden ab 1936 die Lager Sachsenhausen (1936), Buchenwald (Juli 1937), Flossenbürg (Mai 1938), Mauthausen (August 1938, dem »Anschluss« Österreichs) und, als Frauenkonzentrationslager, Ravensbrück (Mai 1939) geschaffen. Zusammen mit Dachau, das ohne Unterbrechung seit 1933 in Betrieb war, und Neuengamme bildeten sie das System der Lager in der Phase der Kriegsvorbereitung.

Die Hauptfunktion dieser Lager war die Möglichkeit der längerfristigen Ausschaltung politischer Gegner, Anhänger der Arbeiterparteien und Gewerkschaften, linker Intellektueller und christlicher Nazigegner, in Vorbereitung auf den geplanten Krieg. Aus der Sicht der Nazis war der Erste Weltkrieg durch die Unruhen an der Heimatfront verloren worden (»Dolchstoßlegende«). Das sollte nicht noch einmal passieren.

Gleichzeitig ging es um eine Normierung der faschistischen »Volksgemeinschaft«. Dazu wurden »volksschädliche Elemente«, wie es in der Nazidiktion hieß, interniert, um sie aus der »Volksgemeinschaft« auszuschließen. Neben den politischen Gegnern gehörten zu den »Volksfeinden« auch sogenannte »Arbeitsscheue«, Menschen, die sich nicht in das System der militarisierten Arbeit einzwängen ließen. Fahrende, aber auch sesshaft gewordene Sinti und Roma, wurden darunter gefasst. Auch »befristete Vorbeugehäftlinge« (BVer), im Nazijargon »Berufsverbrecher«, gehörten zu dieser Gruppe. Das konnten Schwerkriminelle sein, oftmals waren es aber Menschen, die bloß mehrfach mit der Justiz in Konflikt geraten waren, etwa wegen Eigentumsdelikten oder Verstößen gegen Vorgaben des NS-Regimes. Selbst Menschen, die sich aus religiösen Gründen der Einordnung in das Regime und seiner Kriegsvorbereitung verweigerten, wie die »Bibelforscher«, galten als »Volksfeinde«. Für all diese Menschen wurden nun Haftstätten geschaffen, die eine langfristige Ausschaltung ermöglichen sollten.

Diese zentralen Lager waren damit eine präventive Maßnahme gegen jegliche innenpolitischen Unruhen auf dem Wege zum geplanten Krieg. Während auf der einen Seite mit dem »Vierjahresplan« die deutsche Wirtschaft kriegs- und die Reichswehr angriffsfähig gemacht werden sollte, war das System der zentralen Konzentrationslager der Schritt, auf innenpolitischer Ebene die Kriegsfähigkeit zu sichern. Dort, wo die Propaganda mit Reichskriegertagen und anderen Inszenierungen nicht wirkte, sollte der politische Terror »Ruhe an der Heimatfront« herstellen.

Die Verteilung der Lager von Nord nach Süd entsprach der geplanten »Zuständigkeit« für die Inhaftierungsorte. Nach Buchenwald, dem Lager »im Herzen Deutschlands«, kamen Häftlinge aus Thüringen, Teilen Sachsens, aus Hessen und dem Ruhrgebiet.

Es waren nicht allein funktionale Überlegungen bei der Errichtung dieses KZ auf dem Ettersberg bei Weimar. Die Neustrukturierung des Lagersystems traf auf das Geltungsbedürfnis des NSDAP-Gauleiters und Reichsstatthalters Fritz Sauckel, der seinen Sitz in Weimar hatte. Schon im Mai 1936 setzte er sich in Berlin dafür ein, dass in seinem Gau als Zeichen seiner Macht und seiner Rolle in der NS-Hierarchie ein eigenes Lager errichtet werden solle. Die damit verbundene Stationierung einer größeren Einheit der SS und Waffen-SS sollte die politische Bedeutung Sauckels zusätzlich demonstrieren.

Die Suche nach einem geeigneten Gelände zog sich einige Monate hin, bevor ein zusammenhängendes Waldgebiet auf dem Nordhang des Ettersbergs für die Errichtung des Lagers gefunden werden konnte. Im Frühsommer 1937 begannen die konkreten Bauplanungen. Und wie bei Baumaßnahmen üblich, gingen die Pläne für das KZ über die Schreibtische des Wasserwirtschaftsamtes, des Bauamtes, der Elektrizitätswerke, des Landrates und weiterer städtischer und Kreisgremien. Sie alle waren an den Planungen, an der Genehmigung und der baulichen Umsetzung beteiligt und sie taten ihr Bestes, um einen möglichst zügigen Baubeginn zu realisieren. Offensichtlich hatte man sich jedoch nur unzureichend mit den Bedingungen des Berges vertraut gemacht, so dass manche Pläne (z. B. die Lage der Baracken) wegen der örtlichen Gegebenheiten verändert werden mussten. Augenfällig wurde dies in Zusammenhang mit der Goethe-Eiche im Lagerkomplex. Beim Einmessen und Roden des Lagergeländes wurde offenbar, dass ein Baum, der im Selbstverständnis der Weimarer Bevölkerung als »Goethe-Eiche« galt, sich mitten im Lager befand. Daraufhin wurden zum Erhalt des Baumes – zur »Pflege der Zeugnisse der Deutschen Klassik« – die Pläne für ein an der Stelle geplantes Wirtschaftsgebäude verändert.

Überhaupt ließ man in Weimar auf die Bewahrung des kulturellen Erbes der Goethezeit nichts kommen. Als in der Stadtgesellschaft bekannt wurde, dass das neue KZ den Namen »K. L. Ettersberg« tragen sollte, regte sich Widerspruch – nicht gegen das Lager selber, sondern gegen seinen Namen. Am 24. Juli 1937 musste Theodor Eicke, der Inspekteur der Konzentrationslager, an Heinrich Himmler vermelden, dass die angeordnete Bezeichnung nicht verwendet werden könne, »da die N.S.-Kulturgemeinde in Weimar hiergegen Einspruch erhebt, weil Ettersberg mit dem Leben des Dichters Goethe im Zusammenhang steht. Auch Gauleiter Sauckel hat mich gebeten, dem Lager eine andere Benennung zu geben.«

Bereits vier Tage später konnte Lagerkommandant Koch den neuen Namen offiziell verkünden: »K. L. Buchenwald, Post Weimar«. Dieser letzte Zusatz war nicht nur eine geografische Erläuterung, sondern besonders wichtig für alle SS-Angehörigen, die in diesem Lager Dienst taten. Für sie ergab sich daraus, dass ihr Wohngeldzuschuss nach dem höheren Satz der Stadt Weimar und nicht nach dem niedrigen Satz des Dorfes Hottelstedt berechnet wurde.

Nun hatten jedoch Weimarer Druckereien bereits Brief- und Geschäftspapiere sowie Häftlingskarteikarten mit dem Namen »K. L. Ettersberg« angefertigt. So kam es, dass die SS die Registrierung österreichischer Juden, die im Frühsommer 1938 nach Buchenwald verschleppt wurden, noch auf Karteiblättern des K. L. Ettersberg vornahm.

**Die »Architektur« des Lagers**

Das Häftlingslager erstreckte sich am Nordhang des Ettersbergs auf einem Gelände von etwa 40 Hektar. Für das Verständnis der Geschichte ist es wichtig zu wissen, dass das Lager in der Form, wie es auf den großen Bildtafeln in der Gedenkstätte zu sehen ist, nie gleichzeitig bestanden hat. Das Lager wurde in den Jahren seiner Existenz immer wieder erweitert, teilweise wurden Einrichtungen aufgelöst oder mit anderen Funktionen verbunden.

Die sichtbarsten Erweiterungen ergaben sich mit dem Bau der Gustloff-Werke auf dem Ettersberg, der Buchenwald-Bahn und der Errichtung des »Kleinen Lagers«. Ursprünglich gab es 35 Baracken aus Holz, 15 zweistöckige Steinblocks, die Anlage des Häftlingskrankenbaus, die Küche, die Wäscherei, die Kantine, das Kammergebäude, Werkstätten der Lagerhandwerker, eine Desinfektion, eine Gärtnerei, verschiedene andere Einrichtungen und dazu ab 1940 ein eigenes Krematorium. Das Ganze war umgeben von einem meterhohen Stacheldraht- und Elektrozaun, jeweils unterbrochen von einem der 23 Wachtürme. Der Wachturm Nr. 1 thronte auf dem Haupteingang. Vom Lager aus gesehen befanden sich neben dem Eingang rechts der Bunkerbau, das »Gefängnis im KZ«, mit 26 Arrestzellen, links die Blockführerstuben der SS. Vom Haupteingang leicht abfallend erstreckte sich der große Appellplatz, auf dem die Häftlinge zweimal am Tag, morgens und abends, antreten mussten. An das untere Ende des Platzes schlossen sich die Häftlingsbaracken an, die ersten sechs Reihen mit ebenerdigen Holzbaracken, dann drei Reihen mit den zweistöckigen Steinbauten. Östlich davon erhoben sich Wirtschaftsgebäude, Magazine und Lagerwerkstätten der Deutschen Ausrüstungswerke (DAW, ein SS-Unternehmen). Unterhalb der Barackenreihen, in einem gewissen Abstand, befand sich das Revier, der Häftlingskrankenbau, bis Ende 1939 aus zwei Holzbaracken bestehend.

Hinter der untersten Reihe des Steinblocks erstreckte sich quer durch das ganze Lager vom Revier im Westen bis zur Gärtnerei und der Kläranlage im Osten in späteren Jahren das Kleine Lager, für die Masse der Häftlinge wohl die furchtbarste Einrichtung.

Außerhalb des Zauns war die SS stationiert. In südlicher Richtung befanden sich die Kommandantur-Gebäude, die Adjutantur, die Politische Abteilung (Gestapo), das Führerkasino sowie die Verwaltungs- und Wirtschaftsgebäude, Garagen und Kasernen des Kommandantur-Stabes. Weiter in südlicher Richtung lagen, im Laufe der Jahre immer größer werdend, die Gebäude der hier in Garnison liegenden Einheiten der SS. Es handelte sich um Kasernen, Garagen, Reparaturwerkstätten, Waffenmeisterei, Schießstände, SS-Revier, Fernheizwerk, Kantine, Wirtschaftsgebäude, Pferdestall, Hundezwinger und Reithalle.

Bei Buchenwald bleibt stets das Gesamtgebiet zu bedenken, das ausschließlich der SS unterstellt war, jedoch aus mehreren unterschiedlichen Teilen bestand. Innerhalb des Stacheldrahts mit seinen Wachtürmen befand sich das eigentliche Häftlingslager, außerhalb desselben der SS-Bereich mit Kasernen etc. Von Bedeutung für den Alltag der Häftlinge waren die im Umkreis gelegenen Arbeitsstätten der Häftlinge, wie Steinbruch, die Deutschen Ausrüstungswerke, die Fabriken und das verbliebene Waldgelände. Das insgesamt riesige Gebiet wurde jeden Morgen durch eine schwerbewaffnete Postenkette der SS gesichert, die erst wieder abrückte, wenn beim Abendappell festgestellt wurde, dass kein Gefangener fehlte. Schon ein Schritt durch die Postenkette galt als »Flucht«: Der Gefangene wurde sofort erschossen, der Schütze wurde mit Tabak und Sonderurlaub belohnt.

Für alle Bereiche verfügte die SS über ein klar strukturiertes Befehls- und Hierarchiesystem. An der Spitze des Gesamtkomplexes KZ Buchenwald stand der SS-Kommandant, ihm zur Seite die Adjutantur. Vorgesetzte für das Häftlingslager waren die Schutzhaftlagerführer, anfangs zwei, später immer drei. Die Verbindung zwischen Lagerführung und Häftlingslager, d. h. den SS-Blockführern, stellte der jeweilige Rapportführer dar. Zum SS-Apparat gehörten noch die Verwaltungs-, die Arbeitsdienst- und die Arbeitseinsatzführer. Unabhängig von der Lagerführung, aber zur Kommandantur gehörig, war die Politische Abteilung, die auf ihre Weise neben der SS-Kommandantur über Leben und Tod der Häftlinge entschied.

Beim »Truppenbereich« handelte es sich anfangs um die 3. SS-Totenkopfstandarte »Thüringen«. Später, vor allem nach Kriegsbeginn, befanden sich dort Ausbildungseinheiten der Waffen-SS, die vor ihrem Fronteinsatz »durch die Schule des KZ« gehen sollten.

**Die Errichtung des Lagers**

Am 15. Juli 1937 traf auf dem circa 9 km von Weimar entfernten Ettersberg, der damals noch unberührtes Waldgelände war, das erste Vorkommando ein. Es bestand aus 149 Häftlingen, unter ihnen 52 politische aus dem KZ Sachsenhausen. Am 20. und 27. Juli folgten Häftlinge aus dem KZ Sachsenburg, das aufgelöst wurde. Am 31. Juli und im August trafen Transporte aus dem KZ Lichtenburg ein. Am 19. August folgte die letzte Gruppe der verbliebenen Häftlinge aus dem KZ Sachsenburg. Die Gesamtzahl der 1937 eingelieferten Häftlinge betrug 2.912 Mann, von denen am 1. Januar 1938 bereits 49 ums Leben gekommen waren.

In ihren eindrucksvollen Erinnerungsberichten schildern die Überlebenden den Aufbau von 1937 bis 1939 als Zeit besonderer Grausamkeiten. In täglich 14- bis 16-stündiger schwerster körperlicher Arbeit, unter ständiger Lebensgefahr durch knüppelschwingende, tretende und schießende SS-Leute, entstanden aus einem freigewachsenen Wald in kaum zwei Jahren das Lager selbst und die dazugehörigen SS-Unterkünfte, Verwaltungsgebäude und Villen für die höheren SS-Offiziere.

Trotz der Eile und der endlosen Arbeitszeit wurden dabei kaum technische Hilfsmittel verwendet. Mit der Picke wurden die Steine gebrochen und auf den Schultern in immer wiederholten Märschen, oft im Laufschritt, an die Stelle getragen, an der sie gebraucht wurden. Eineinhalb Jahre lang musste jeder Häftling nach Arbeitsschluss einen Felsbrocken mit ins Lager tragen. Im Sommer 1937 musste das ganze Lager sonntags »zur Freizeit« Steine schleppen, vom Steinbruch zum Lager, vom Steinbruch zu den Wachtürmen, vom Steinbruch zu den SS-Kasernen. Wehe, wenn ein Stein den aufsichtführenden SS-Leuten zu klein erschien. Dann setzte es Prügel oder »Sport«, d. h. Exerzieren bis zum Umfallen für den Häftling oder für die ganze Kolonne, bei der er arbeitete.

Zum Ausschachten des Untergrundes für die zahllosen Gebäude, zum Planieren des Geländes zwischen den Gebäuden wurden keine Bagger verwendet. Das Erdreich wurde ausgehoben und zum großen Teil mit Hilfe von Tragen abtransportiert. Diese waren viereckige, oben offene Holzkästen, an denen zwei Tragstangen so befestigt waren, dass sie von zwei Häftlingen transportiert werden konnten. Für Strafkolonnen wurden Kästen in besonders großem Format hergestellt. Überlebende berichteten, man habe versucht, sich die schwere Last dadurch zu erleichtern, dass Stricke oder Drähte an den Stangen befestigt wurden, die sie über Schultern und Nacken legen konnten, um die Last mit dem ganzen Körper zu tragen, wenn die Hände die Stange nicht mehr halten konnten und die Arme förmlich aus den Gelenken zu reißen drohten. Aber das wurde unter Androhung strenger Strafen verboten. SS-Leute bis hinauf zum Lagerführer sorgten dafür, dass bei längeren Transportwegen die Tragen unterwegs nicht so oft abgesetzt wurden. Nur an den Baustellen, an denen größere Erdmassen bewegt werden mussten, wurden Kipploren und in seltenen Ausnahmefällen – und immer nur für wenige Wochen – Zugmaschinen für die Loren verwendet. Die Regel war, dass die Loren von den Häftlingen selbst geschoben werden mussten, Berge hinauf durch Dreck und Schlamm, der oben in die Schuhe hineinlief; bei glühender Hitze im Sommer und eisiger Kälte im Winter, während die Hände an den kalten Eisenteilen anklebten.

Eine geologische Besonderheit erschwerte die Arbeiten in diesen Anfangsjahren noch zusätzlich. Auf dem Ettersberg gibt es keinen Sandboden, sondern mit vielen großen Steinen durchsetzten Muschelkalk. Willy Schmidt*, der als Häftling des KZ Lichtenburg die Aufbauphase miterlebte, erinnerte sich besonders an den Schlamm. Dieser klebte an den Händen und am Werkzeug. Er verbreitete sich von da über die Hosenbeine und Jacken; beim Tragen der Steine über die Schultern, Mützen, dann über die Schuhe an die Hosenbeine, in die Socken. Die Sachen mussten nach der Arbeit ausgebürstet werden, falls sie bei Regenwetter überhaupt getrocknet werden konnten. Wenn sie am nächsten Morgen an der Arbeitsstelle ankamen, waren die Häftlinge schon wieder bis an die Knie verspritzt und

* 1911-2003, Kommunist, Gewerkschafter, deutscher Häftling, langjähriger Herausgeber der *Glocke vom Ettersberg*, nach 1945 hauptamtlich bei der IG Metall.

verdreckt. Auch die vielen gefällten Bäume wurden nicht abgefahren, sondern mussten auf Schultern weggeschleppt werden. Es gab Kolonnen von 20 bis 40 Mann, die einen riesigen Eichen- oder Buchenstamm mühsam zurücktrugen. Die Brocken aus dem Steinbruch wurden bis zum Jahre 1944 in Loren den steilen Hang hinaufgeschoben. 20 bis 30 Mann zogen mit Aufbietung aller Kraft im Gleichschritt die Lore aus dem Steinbruch in die Höhe.

Zu den Härten der Haft gehörte auch die Länge des Arbeitstages. Die Arbeitszeit reichte im Sommer von 5 Uhr morgens bis 8 bzw. 9 Uhr abends. Am Bau der Wasserleitung wurde sogar regelmäßig bis 10 oder gar 11 Uhr nachts gearbeitet. In besonders dringenden Fällen ging die Arbeit bis 2 und 3 Uhr morgens, wie Überlebende bestätigten.

# II.
# Vom Leben und Überleben im Lager bis zum Krieg

## Die Aufnahme im Lager

Die Aufnahmeprozedur im KZ Buchenwald waren vergleichbar mit denen in anderen Lagern. Das erste, was die SS den Häftlingen nehmen wollte, war ihre Identität. Sie mussten sämtliche persönlichen Gegenstände abgeben, die in der »Effektenkammer« gelagert wurden. Dort wurden die Kleidungsstücke und Taschen durchsucht, um Wertgegenstände, Geldscheine oder andere Dinge zu finden. Anstelle der persönlichen Gegenstände erhielten die Gefangenen Häftlingskleidung. Zuerst waren es ausrangierte Uniformstücke. Später wurde diese Kleidung abgelöst durch die blau-graue oder blau-weiße Kluft, die für viele Nachgeborene das Bild der KZ-Häftlinge prägt. Diese bestand aus einem Zellstoffmaterial, das weder im Winter noch im Sommer den Witterungsverhältnissen auf dem Ettersberg angemessen war. Auf der Häftlingskarteikarte wurde vermerkt, welche Kleidungsstücke ausgehändigt wurden. Ein Hemd, Unterhose, ein Paar Socken, eine Hose, eine Jacke, eine Mütze und ein Paar Schuhe. Der Zustand dieser Dinge war unterschiedlich, ob gebraucht oder neu, ob zu klein oder zu groß, ob feste Schuhe oder Holzschuhe. Festes Schuhwerk zu tragen, war ein Privileg.

Zweitens wurden die Namen der Häftlinge durch Nummern ersetzt und drittens wurden alle Körperhaare geschoren, angeblich aus Gründen der Hygiene. Dem einzelnen Häftling sollte nichts Persönliches mehr bleiben.

Welchen Eindruck die Neuankommenden vom Lager und der Behandlung der Inhaftierten erhielten, beschrieb Walter Poller* in seinen Erinnerungen:

---

* 1900-1975, Sozialdemokrat, Widerstandskämpfer, deutscher Häftling, Arztschreiber im Häftlingskrankenbau, nach 1945 Publizist.

»Ich stehe mitten in der Kolonne. Ein Kommando erschallt: ›Rechts um – marsch!‹ Einen Augenblick später stößt mich mein Hintermann plötzlich mit voller Wucht in den Rücken und drängt mich derart nach vorn, dass ich wieder auf meinen Vordermann drängen muss. Da sehe ich, dass die SS-Leute mit Gewehrkolben und Gummiknüppeln wahllos auf uns einschlagen. Unsere Kolonne kommt ins Laufen, Schüsse knallen, Kugeln pfeifen. Wir laufen, eng aneinander gepresst, den Carachoweg* hinunter, stolpern übereinander. Wer hinfällt, wird von den Nachfolgenden niedergetrampelt. Schläge und Stöße hageln auf uns herab. Wir laufen um unser Leben, ein einziger, wüster, turbulenter Haufen. Keiner weiß, wohin er laufen soll, jeder richtet sich nach seinen Vorder- und Nebenmännern, einer klammert sich an den anderen, jeder versucht, in die Mitte der Kolonne zu kommen. Der Verstand setzt aus. Nur weg von den Schlägen und Stößen, weg von den pfeifenden Kugeln, weiter, weiter, weiter. Die Kolonne schwenkt nach rechts ab. Vor einer hölzernen Barackenwand kommen wir endlich zum Stehen.

Mit Fausthieben, Kolbenstößen und Gummiknüppelschlägen bringen die SS-Leute wieder Ordnung in den völlig verwirrten Haufen. Die Niedergetrampelten kommen herbeigehumpelt, keuchend, blutig, die Kleider verschmutzt und zerfetzt. Wer von ihnen beim Einreihen nicht schnell genug ist oder auch nicht mehr schnell genug sein kann, wird mit Kolbenstößen und Schlägen traktiert. …

In Trupps von etwa zwanzig Mann werden wir jetzt in die Baracke gebracht, vor der wir stehen. Es ist die ›Politische Abteilung‹ des Lagers. Fast durch die ganze Barackenlänge zieht sich ein breiter Gang, von dem aus verschiedene Türen in die einzelnen Geschäftszimmer führen. … Wir stehen in einer

---

* So wurde im Lagerjargon die Straße zum Eingangstor genannt, da die Häftlinge diesen Weg »mit Caracho« entlang laufen mussten. (Anm. U. Sch.)

Zweierreihe im langen Barackengang. SS-Leute, mit Karabinern bewaffnet, bewachen uns. … Jetzt gehöre ich zu den vier Mann, die ins Geschäftszimmer eintreten müssen. … Die weitere Personalaufnahme geht ohne Zwischenfall vor sich. … Die Aufnahme unserer Personalien ist beendet. Wir stehen wieder auf dem Carachoweg angetreten, diesmal von weniger SS-Leuten bewacht. … Auf dem Platz hinter dem Lagertor werden wir von zwei Häftlingen in Empfang genommen. Wir sind wieder völlig außer Atem. …

Ich gewinne den Eindruck, dass unter den Häftlingen irgendeine Organisation vorhanden ist.« (Aus: Walter Poller, Arztschreiber in Buchenwald, S. 22 ff.)

Wenn diese Aufnahmeprozedur abgeschlossen war, folgte die Einweisung in die Blocks. In »normalen Zeiten« war jeder der Flügel, der aus Tagesraum und Schlafraum bestand, mit 100 bis 200, meist jedoch mit mehr Häftlingen belegt. Sie waren auf Holzbaracken und Steinblocks aufgeteilt. Dabei gab es in jeder Baracke zwei Flügel, in jedem Steinblock zwei im Parterre und zwei im ersten Stock. Die Zahl der in einem Flügel Untergebrachten war in den verschiedenen Zeiten unterschiedlich, je nach Belegung oder Überbelegung des Lagers.

**Von Winkeln und Häftlingsgruppen**

Das KZ-System war nicht zuletzt ein riesiger bürokratischer Apparat. Täglich wurde gezählt, die Häftlingsschreibstube musste Listen über Listen ausfüllen: Transportlisten, Belegstärkemeldungen, Zu- und Abgänge. Diese Listen waren nicht nur für die lagerinterne »Buchführung« zu schreiben, sondern wurden auch an die SS-Zentrale in regelmäßigen Abständen als Häftlingsbestandslisten weitergegeben. Ihnen war zu entnehmen, welcher Gruppe die jeweiligen Häftlinge zugeordnet wurden und welchen Anteil bestimmte Verfolgtengruppen im Lager jeweils hatten.

Bei der Einweisung der Häftlinge ins Lager erhielten diese statt eines Namens eine Nummer und einen farbigen Winkel (vgl. Abbildung innere Umschlagseite). Die Häftlingsnummer war insofern keine eindeutige Markierung, als nicht mehr genutzte Nummern (sei es infolge von Tod, Entlassung oder Verlegung in ein anderes Lager) wieder verwendet wurden. Anders als in Auschwitz, wo die Nummer den im Lager aufgenommenen Häftlingen zumeist am Unterarm eintätowiert wurde, bestand in Buchenwald ein komplettes Häftlingsnummern-Verzeichnis nur in der Schreibstube. Für heutige Recherchen ergeben sich daraus manchmal Irritationen.

Für die SS war das zentrale Unterscheidungsmerkmal der zugewiesene Winkel, der deutlich sichtbar auf der Häftlingskleidung getragen werden musste. Nummer und Winkel waren gleich zweimal angenäht, einmal auf der linken Brustseite, einmal an der Seite des rechten Oberschenkels. Dieser Winkel, teilweise in verschiedenen Kombinationen, sollte zum einen die Häftlingsgesellschaft in unterschiedliche Gruppen aufteilen, gleichzeitig dienten diese Markierungen der Orientierung der SS. Tatsächlich hing von der Winkelfarbe oftmals das Verhalten der SS-Leute ab. Die Zuordnung der Winkelfarbe geschah nicht ohne Willkür, selbst wenn es seitens der SS deutliche Vorgaben gab.

Der – heute noch als Symbol populäre – »rote Winkel« kennzeichnete politische Gegner des NS-Regimes. Diesen Winkel trugen Anhänger der Arbeiterparteien, Mitglieder und Funktionäre der früheren Gewerkschaften, antifaschistische Persönlichkeiten aus dem Bürgertum, aber auch aus religiösen Gründen Inhaftierte.

Doch war die Zuordnung mitunter sehr weitgefasst. Einen roten Winkel trugen selbst Angehörige der NSDAP, der Wehrmacht oder »Meckerer«, »Schwarzhörer«, die wegen Rundfunkverbrechen angeklagt waren, sowie »Devisenschieber«, also Menschen, die gegen das Verbot zum Besitz ausländischer

Währung verstoßen hatten. Somit war der rote Winkel nicht zwangsläufig Ausdruck einer antifaschistischen Überzeugung. Im Laufe des Krieges erhielten die Häftlinge aus den verschiedenen überfallenen Ländern einen roten Winkel mit einer Länderkennung, zum Beispiel F = Frankreich.

In der Aufbauphase war die zweitgrößte Gruppe die der Träger »grüner Winkel«, in der SS-Diktion »befristete Vorbeugungshäftlinge« (BVer) und SV-Häftlinge (»Sicherungsverwahrte«), die nach der Verurteilung zu Zuchthaus und Sicherungsverwahrung eigentlich in Gewahrsam der Justizverwaltung bleiben sollten. Aus der Sicht der politischen Häftlinge handelte es sich bei den »Grünen« häufig um problematische Mithäftlinge, da viele von ihnen sich von der SS als eine Art verlängerter Arm oder als Spitzel missbrauchen ließen. Tatsächlich stellen sich nicht wenige von ihnen gegen Ende des Krieges den SS-Verbänden, insbesondere der SS-Division Dirlewanger, zur Verfügung, um aus dem KZ entlassen zu werden. In Gesprächen mit ehemaligen Häftlingen wurde aber auch betont, dass es in dieser Gruppe durchaus aufrechte Antifaschisten und verlässliche Mitstreiter gab.

Ebenfalls differenzierter als die SS-Zuordnung vermuten lässt, stellte sich die Situation bei den Trägern der »schwarzen Winkel« dar. Die SS bezeichnete sie pauschal als »Asoziale«, was jedoch nur bedeutete, dass sich diese Menschen aus der Sicht des NS-Regimes nicht den Regeln der »Volksgemeinschaft« unterwarfen. Dazu gehörten Nichtsesshafte, »Jahrmarktmenschen«, sogenannte »Arbeitsscheue«, aber auch eine große Zahl von Menschen, die aus persönlichen oder familiären Gründen denunziert und verschleppt worden waren. Häftlinge, die wegen Homosexualität verurteilt waren, erhielten einen rosa Winkel.

Beispielhaft hier eine »Stärkemeldung« von Mitte September 1938, als über 7.600 Häftlinge im Lager waren. Die SS hatte sie in folgende Kategorien unterteilt:

| | |
|---|---|
| 1897 | politische Gegner |
| 936 | BVer (»befristete Vorbeugehäftlinge«) |
| 9 | Emigranten |
| 65 | ausländische Häftlinge |
| 456 | Bibelforscher |
| 15 | Homosexuelle |
| 4238 | Häftlinge der Aktion »Arbeitsscheue« |
| 9 | »Rasseschänder«* |
| 2 | Wehrmachtshäftlinge |

Hinzu kam als Meldezahl: »Davon sind Juden« 755.

**Jüdische Häftlinge im Lager Buchenwald**

In der Erinnerung der Überlebenden spielten im Lager Buchenwald – im Gegensatz zu den Vernichtungslagern im Osten oder anderen Haftstätten – die jüdischen Häftlinge als Gruppe keine eigenständige Rolle. Dabei ist es nachweisbar, dass sie – neben den sowjetischen Häftlingen – über die gesamte Zeit die zahlenmäßig größte Gruppe aller Häftlingskategorien stellten. Wie war das möglich?

Zum einen war die erste große Gruppe von über 10.000 Häftlingen nach der Reichspogromnacht vom 9./10. November 1938 nur wenige Wochen im Lager präsent. Allein jene von ihnen, die zurückblieben, fanden sich im Stammlager wieder. Die Zahl »jüdischer Häftlinge« war auch deshalb so hoch, weil die SS viele Häftlinge mit einer »Doppelidentität« versah, indem ihrem jeweiligen Winkel, der den Haftgrund bzw. die Kategorie abbildete, noch ein gelber Winkel beigefügt wurde, wenn dieser Häftling gemäß der faschistischen Rassenideologie als »Jude« eingestuft wurde.

So kamen aus den überfallenen Ländern oftmals jüdische Menschen als Häftlinge nach Buchenwald. Sie identifizierten

* So nannte das NS-Regime Personen aus einer Beziehung zwischen »arischen« und jüdischen Menschen.

sich in ihrem Selbstverständnis mehrheitlich – und damit auch in der Erinnerung an die Lagergeschichte – zuerst über ihr Land oder ihre Handlung im Widerstand, weniger als Juden. Gleiches gilt auch für viele deutsche Häftlinge, die als politische Gegner nach Buchenwald verschleppt wurden.

Diese Häftlinge trugen deshalb neben dem farbigen Winkel noch einen gelben Winkel, der über Kreuz mit dem anderen vernäht war, so dass optisch daraus der sechseckige Judenstern entstand. Einer dieser Häftlinge war Emil Carlebach* aus Frankfurt am Main, der zunächst ins KZ Dachau, später nach Buchenwald kam. Er verstand sich als Kommunist, dem die jüdische Identität von den Nazis zugeschrieben wurde. Ähnlich sah es offensichtlich auch die SS, die ihn – trotz einer Anweisung, dass Juden keine Häftlingsfunktionen übernehmen durften – zum Blockältesten des »Judenblocks« 26 machte.

Im Verlauf des Krieges kamen weitere Gruppen jüdischer Häftlinge, die 1944 nach ihrer Deportation nach Auschwitz dort auf der Rampe als Arbeitskräfte selektiert und in Außenlagern von Buchenwald eingesetzt wurden. Sie zählten zur Gesamtzahl der Häftlinge, waren aber weniger im Stammlager präsent.

Eine große Zahl jüdischer Häftlinge erreichte Buchenwald mit den Evakuierungstransporten aus den Vernichtungslagern im Osten Ende 1944, Anfang 1945. Diese Häftlinge wurden im »Quarantäne-Lager«, dem Kleinen Lager, untergebracht, so dass viele jüdische Häftlinge das Lager Buchenwald in ihren Erinnerungen nur aus dieser Perspektive wahrnahmen. Zudem erlebten sie deutlicher noch als die Häftlinge des »großen Lagers« den systematischen Vernichtungswillen der SS, der immer wieder seinen Ausdruck in brutalen Aktionen gegen Juden fand.

---

* 1914-2001, jüdischer Kommunist, deutscher Häftling, nach 1945 Journalist, aktiv in der Lagergemeinschaft Buchenwald-Dora.

**Sinti und Roma im Lager Buchenwald**

In der Gruppe »Arbeitsscheue« befanden sich mehrere hundert Sinti und Roma. Da sie im alltäglichen Leben wie im politischen Alltag nicht den Prinzipien der NS-»Volksgemeinschaft« entsprachen, wurden sie als »Volksfeinde« verfolgt und interniert.

Sie unterlagen einer besonders grausamen Behandlung durch die SS-Bewacher. Ihnen wurden die schwersten körperlichen Arbeiten aufgebürdet, aus dem Sommer 1938 wird von öffentlichen Auspeitschungen und anderen Misshandlungen berichtet. Gleichzeitig wurden alle Sinti und Roma von der »Rassenhygienischen Forschungsstelle« des Reichsgesundheitsamtes der Gestapo in einer »Zigeunerkartei« erfasst. Besonders die Misshandlungen und Arbeitsquälereien führten dazu, dass von den im Sommer 1938 Internierten im Frühjahr 1939 nur noch gut einhundert Sinti und Roma im Lager lebten.

Mit Kriegsbeginn 1939 wurden noch einmal 600 Roma aus Dachau nach Buchenwald verlegt. Sie waren verhaftet worden als – wie es im Nazi-Deutsch hieß – »vorbeugende Maßnahme zur Bekämpfung der Zigeunerplage«. Etwa jeder Dritte von ihnen starb bereits im Winter 1939/40.

1940 wurden die meisten der Überlebenden ins KZ Mauthausen deportiert, wo sie im Steinbruch arbeiten mussten – ein Todeskommando. Noch im Lager verbliebene Roma-Häftlinge wurden Ende 1942 durch die Einbeziehung in die medizinischen Experimente der in Buchenwald tätigen SS-Ärzte, wie zum Beispiel Ding-Schuler, Hoven und andere, gezielt ermordet oder 1943 nach Auschwitz zur Vernichtung deportiert.

**Bibelforscher**

Da die »Zeugen Jehovas« aus religiöser Überzeugung dem NS-Regime die Gefolgschaft versagten und die jüngeren Mitglieder den Militärdienst verweigerten, wurde diese Gruppe seit 1935 massiv verfolgt. Im Zuge der Kriegsvorbereitung führte solche

Verweigerungshaltung fast automatisch zu KZ-Haft. Nach dem Höchststand von fast 500 Häftlingen Ende 1938 lag die Zahl der Häftlinge mit dem »lila« bzw »violetten Winkel« durchschnittlich bei 250 bis 300. Im »Buchenwald-Report« heißt es:

> »Unmenschliche und schimpfliche Behandlung ist das Los dieser Menschen gewesen; die härtesten Arbeiten wurden ihnen aufgehalst. Im August 1937 wurde die Strafkompanie zusammengestellt, die erst im Jahre 1944 aufgelöst wurde; sämtliche Bibelforscher außer einigen Spezialarbeitern wurden in sie eingereiht.«

Damit gingen besondere Schikanen einher:

> »Am 11.1.42 wurden wiederum alle Bibelforscher ans Tor gerufen, weil sie sich einmütig geweigert hatten, sich an der Wollspende für die deutschen Truppen an der Ostfront zu beteiligen. Das Urteil des Rapportführers lautete wie folgt: ›Ihr Staatsverbrecher, ihr Himmelhunde, heute werdet ihr unter freiem Himmel (es waren 20 Grad Kälte) bis Einbruch der Dunkelheit arbeiten. Sämtliche Unterkleidung wird sofort ausgezogen!‹ Was dann auch geschah. Als der Block am Abend einrückte, mussten sämtliche Lederschuhe abgegeben und dafür Holzschuhe eingetauscht werden.« (Buchenwald-Report, S. 213 f.)

Aus der Sicht der politischen Häftlinge waren die »Violetten« nur schwer zu erreichen. Viele betrachteten die KZ-Haft als göttliche Prüfung, der man sich stellen müsse. Manche waren solidarisch, aber für widerständiges Verhalten waren sie selten ansprechbar.

**Die Organisation des Lagers**

In ihrer Herrenmenschen-Mentalität drückte sich die SS vor allen Arbeiten. Was aus der Sicht der Lagerverwaltung Häftlinge erledigen konnten, mussten diese als Arbeitssklaven der SS umsetzen. Dazu gehörten alle Arbeiten im Kantinenbereich, in der Effektenkammer, in der Alltagsorganisation, aber auch in bürokratischen Funktionen wie der Häftlingsschreibstube, in der – unter Aufsicht der SS – Häftlinge die Stärkemeldungen, Transportlisten und Arbeitskommandos zusammenstellen mussten. Der SS waren das alles viel zu mühevolle Aufgaben. Das bedeutete jedoch nicht, dass die Häftlinge dort viel Spielraum gehabt hätten. Wenn 100 Häftlinge auf Transport gehen sollten, mussten 100 Namen auf der Liste stehen. Dass dennoch solche Häftlingsfunktionen Raum für widerständiges Handeln eröffneten, soll später noch erläutert werden.

Mit der Organisation des Lagers und des Arbeitseinsatzes versuchte die SS zudem, die Häftlingsgesellschaft zu spalten, indem sogenannte Kapos und Blockälteste im Sinne der SS für das reibungslose Funktionieren des Lagers eingesetzt wurden. Die »Blockältesten« waren nicht an Lebensjahren die Ältesten, sondern es war eine Bezeichnung der SS für eine Häftlingsfunktion. Sie mussten dafür sorgen, dass im jeweiligen Block »Ordnung und Disziplin« herrschten. Lief etwas nicht im Sinne der SS, dann wurden nicht nur die jeweiligen Häftlinge, sondern auch der Blockälteste bestraft. Das Gleiche betraf die Kapos, die als »Vorarbeiter« in den Arbeitskommandos die Häftlinge zur Arbeit anhalten sollten, die die SS zufriedenstellte. Dabei wurde den Häftlingen schnell deutlich, dass es einen Unterschied ausmachte, ob ein Kapo der SS gefallen wollte und selbst mit Schlägen und anderen Repressalien die Häftlinge antrieb oder ob er im Sinne der Mithäftlinge die Bedingungen etwas besser gestaltete. Zuerst setzte die SS »Grüne« in solche Funktionen ein. Im KZ Buchenwald gelang es, diese Häftlinge weitgehend aus den Funktionen zu verdrängen und durch »rote Kapos« zu ersetzen. Das war für die Haftbedingungen und das Überleben existenziell.

Entgegen der heute vorherrschenden Geschichtsschreibung, die bezogen auf diese Situation mitunter den Begriff »Häftlingsselbstverwaltung« verwendet, betonten die überlebenden KZ-Häftlinge, dass von »Selbstverwaltung« keine Rede sein konnte. Wenn der SS-Mann mit der Entscheidung eines Kapos nicht einverstanden war, wurde dieser ohne Begründung aus der Funktion entlassen oder gar bestraft. Das einzige, was Funktionshäftlinge bewegen konnten, war, den Spielraum der Lagerorganisation im Sinne der Mithäftlinge zu nutzen.

**Zählappell und Tagesablauf**

Auch an dieser Stelle lassen wir Buchenwald-Häftlinge selbst zu Wort kommen:

> »Bei Tagesbeginn wurde im Lager geweckt durch Pfeifen, sommers zwischen vier und fünf Uhr, winters zwischen fünf und sechs Uhr. Etwa eine halbe Stunde musste ausreichen, um ›Betten zu bauen‹, sich zu waschen (wenn Wasser da war), sich anzukleiden und zu ›frühstücken‹. Neben einem halben Liter dünner Suppe oder einem halben Liter ›Kaffee‹ und einer Scheibe Brot, die man sich von der Tagesration aufbewahren musste, gab es entweder nichts oder geringwertige Marmelade oder Margarine, unterschiedlich in den verschiedenen Perioden des Bestehens des KZ Buchenwald. Dann erfolgte nach dem Antreten vor dem Block der Abmarsch zum Appellplatz durch die Lagerstraßen, bestrahlt von den Scheinwerfern der Wachtürme des Lagerzauns. Nach dem Antreten auf dem Appellplatz meldete der Blockälteste, ein Häftling, dem Blockführer, einem SS-Mann, die Zahl. Die einzelnen Meldungen wurden zum Rapportführer durchgegeben, der wiederum dem Schutzhaftlagerführer meldete. Der Zählappell morgens dauerte meist etwa eine Stunde, der am Abend konnte länger dauern, vor allem wenn die Zahlen untereinander nicht stimmten.
>
> Nach dem Morgenappell hieß es ›Arbeitskommandos antreten!‹ Dann stürzte jeder Häftling zu dem Arbeitskommando, dem er zugeteilt war. Gearbeitet wurde bis zum späten Nachmittag. Das Mittagessen bestand aus einem Liter Suppe oder einem Eintopf, beides in unterschiedlichen Zeiten von unterschiedlicher Qualität, am Arbeitsplatz eingenommen. Nach dem Arbeitsschluss erfolgte das Einrücken, anschließend der Zählappell.

> Die Arbeit selbst bestand vor allem in den ersten Jahren in Aufbauarbeiten vom Bäumefällen über das Stubbenroden bis zum Planieren. Dann gab es Kommandos für alle anfallenden Bauarbeiten. …
>
> Der erwähnte Nachmittagsappell war immer mit Angst und Schrecken verbunden. Stimmten die Zahlen? Fehlten ein Häftling oder gar mehrere? Wer würde zur Bestrafung nach vollzogenem Appell aufgerufen? Aufgerufen wurde zur Bestrafung vor dem ganzen angetretenen Lager.
>
> Die Strafmethoden waren Baumhängen, 25 Peitschenhiebe über das Gesäß auf dem dafür vorgesehenen Bock, Einlieferung in den berüchtigten Bunker und andere Grausamkeiten. Nach dem Einrücken in die Blocks folgten das Abendessen und die Ausgabe der Tagesrationen. Aber damit war meist die Arbeitszeit noch nicht zu Ende. Vor allem in den ersten Jahren wurde dann noch bis zehn Uhr abends innerhalb des Zaunes an den verschiedensten Stellen weitergearbeitet. Nach dem Abpfeifen musste alles in den Betten verschwinden. Dann war zwar offiziell die SS aus dem Häftlingslager heraus. Das schloss jedoch nicht aus, dass von der SS plötzliche Kontrollen in den Blocks während der Nachtzeit durchgeführt wurden, verbunden mit weiteren Schikanen und Grausamkeiten.« (Buchenwald. Ein Konzentrationslager, S. 38 f.)

Die hygienischen und sanitären Verhältnisse im KZ Buchenwald waren im ersten Jahr und im Endstadium des Lagers absolut menschenunwürdig. Bis zum Frühjahr 1938 fehlten Wasserversorgung und Kanalisation. An Waschen war tagelang gar nicht zu denken. Die Klosettanlagen in den Baracken waren noch nicht in Betrieb; es mussten Latrinen benutzt werden, die im Freien provisorisch errichtet und dann wieder zugeschüttet wurden. Zum Ende des Krieges wurden im Kleinen Lager wie auch durch die Überbelegung im Gesamtlager die Bedingungen besonders schlimm. Durch diese Verhältnisse, die mangelhafte Kleidung, das unzureichende Essen und die unmenschliche Arbeit, verbunden mit den Torturen der SS, war der gesundheitliche Zustand der meisten Häftlinge schlecht.

**Das Krankenrevier**

Die SS hatte in ihrer Planung keinen Sanitätsbereich vorgesehen. Die ersten Kranken wurden in einem Raum des Blocks 1 untergebracht. Später wurde dann der Block 3 als Krankenrevier eingerichtet. Die Häftlingssanitäter waren keine Mediziner, sondern politische Häftlinge, aber auch »Grüne- und Schwarze-Winkel«-Träger. Die SS-Mediziner kümmerten sich zuerst um die SS-Angehörigen, weniger um die Häftlinge. Im Februar 1938 wurden die beiden ersten Baracken des Häftlingsreviers weit unterhalb der Holzbaracken bezogen. Mit Ambulanz, Krankensälen, einem OP-Raum sowie Räumen für Arzt und Verwaltung stellten sie zwar eine Verbesserung dar, gemessen an der Gesamtzahl der Häftlinge blieb dies jedoch nach wie vor unzureichend. Als der politische Häftling Walter Krämer*, früher KPD-Abgeordneter im Preußischen Landtag, Kapo wurde, gelang es, die Betreuung kranker Häftlinge etwas zu verbessern. Zugleich war das Revier eine Art erstes Zentrum für den sich organisierenden Widerstand der Häftlinge.

Krämer war kein ausgebildeter Arzt. Es bestand lange Zeit eine Anweisung der SS, dass keine Ärzte und Sanitäter, die als Häftlinge im Lager waren, im Revier beschäftigt werden durften. Auch durften Juden nicht im Revier behandelt werden. Mit Geschick und Zähigkeit umgingen Walter Krämer und seine mit ihm arbeitenden Kameraden** diese Vorgaben. Es wurden

---

* 1892-1941, Kommunist, deutscher Häftling, ermordet im Außenlager Goslar.

** Der Begriff »Kamerad« löst heute bisweilen Missverständnisse aus. Damals war es jedoch wichtig, wie man miteinander sprechen konnte. Wenn man nicht wusste, mit wem man es bei dem Mithäftling zu tun hatte, sprach man von »Kumpel«, wie üblicherweise in der Arbeitswelt. War

zusätzliche Medikamente und Instrumente organisiert und im Zeitraum 1939/40 wurde sogar eine weitere Baracke, anders als von der SS vorgesehen, errichtet.

**Die politische Abteilung**

Aus der Sicht der Häftlinge eine schlimme Einrichtung war die »politische Abteilung«, eine Dienststelle der Gestapo im KZ Buchenwald. Zu ihrem Aufgabenbereich gehörten, wie geschildert, die »Aufnahmezeremonie« sowie die Verwaltung der Häftlingslisten, die von der Häftlingsschreibstube geführt wurden. Da diese auch für die »Abgänge« zuständig war, wurde ihr das zeitweilige »Standesamt Weimar II« zugeordnet, das die Todesfälle unter den Häftlingen ordnungsgemäß zu beurkunden hatte. Bedrohlicher für die politischen Häftlinge war die Funktion der Abteilung bei der Verfolgung politischer Gegner. Oftmals kamen von Gestapo-Dienststellen Anfragen zum Verhör eines in Buchenwald inhaftierten Häftlings über dessen Wissen zum Widerstand in seiner Heimatregion. War »verschärfte Vernehmung« angeordnet, wurden vielfältige Methoden der Folter eingesetzt, um eine Aussage zu erzwingen. Bei diesen Verhören wurden zahllose Häftlinge ermordet, wenn sie nicht geredet hatten oder die Aussagen nicht im Sinne der Gestapo ausfielen.

Doch gab es selbst in dieser Abteilung für politische Häftlinge die Möglichkeit, etwas für das Überleben der Mithäftlinge zu tun. Im Dolmetscher-Kommando gaben Kameraden den Neuankömmlingen nebenbei Tipps in ihrer Muttersprache, wie sie Schikanen der SS im Lageralltag ein wenig ausweichen konnten.

---

man vertrauter, nutzte man den Begriff »Kamerad«, der nichts mit militärischer Tradition zu tun hatte, sondern sich vom Begriff Kameradschaft ableitete. Es war jemand, der aus unterschiedlichen Gründen ebenfalls vom NS-Regime verfolgt worden war, auf den man sich verlassen konnte. Begriffe, die aus der politischen Tradition (»Genosse«) oder aus dem christlichen Umfeld kamen (»Brüder und Schwestern in Christo«), waren der gruppeninternen Kommunikation vorbehalten.

## Der Steinbruch

Zu den Orten, die in besonderem Maße den SS-Terror und das Morden in Buchenwald repräsentieren, zählt der Steinbruch am Südhang des Ettersberg. Dort mussten Häftlinge mit primitiven Werkzeugen und schwerster körperlicher Arbeit Kalkstein abbauen, der insbesondere für den Aufbau des Lagers Buchenwald und der SS-Einrichtungen genutzt wurde. Die gebrochenen Steine mussten von den Häftlingen mit der Hand behauen und anschließend auf der Feldbahn mit Muskelkraft den Hang hochgezogen und zum Einsatzort transportiert werden. Über längere Strecken wurden Steinkarren eingesetzt, gezogen von Häftlingen, die sich dabei als »singende Pferde« bezeichneten, da die SS ihnen befahl, bei dieser Arbeit ein Lied anzustimmen. In der ersten Zeit mussten, wie erwähnt, zum Ende einer Schicht alle im Steinbruch Arbeitenden einen Stein auf der Schulter mit ins Lager tragen. Diese Steine wurden zur Bodenbefestigung beim Straßenbau verwendet. War der Stein aus der Sicht der SS zu klein, gab es Prügel oder andere Strafen. Allein in drei Wochen wurden 23 Tote durch solche Behandlung gezählt.

Das Arbeitskommando Steinbruch galt unter den Häftlingen als »Himmelfahrtskommando« wegen der körperlich schweren Arbeit und der zahllosen Morde. So erschoss die SS im November 1939 dort 21 willkürlich ausgewählte jüdische Häftlinge. Später fanden weitere Morde statt. Mit Schlägen und anderen Misshandlungen trieb man Häftlinge in die Postenkette, so dass sie »auf der Flucht erschossen« wurden, wie im April 1940 der ehemalige österreichische Justizminister Robert Winterstein.

## Die ersten Verhaftungsaktionen – »Arbeitsscheu Reich« (1938)

Im Frühjahr 1938 stellte das Lager Buchenwald zum ersten Mal seine Funktion für die Normierung der faschistischen »Volksgemeinschaft« unter Beweis. Bei der Aktion »Arbeitsscheu

Reich« wurden in zwei Verhaftungswellen mehr als 10.000 Männer als sogenannte »Asoziale« in Konzentrationslager (Deutschland) oder Anhaltelager (Österreich) verschleppt. Geplant durch die Dienststelle »Vierjahresplan« sowie umgesetzt von Gestapo und Kriminalpolizei, wurden arbeitsfähige Männer verhaftet, die, so wurde behauptet, nachweisbar in zwei Fällen die ihnen angebotenen Arbeitsplätze ohne berechtigten Grund abgelehnt oder die Arbeit zwar aufgenommen, aber nach kurzer Zeit ohne stichhaltigen Grund wieder aufgegeben hätten. In einer zweiten Gruppe wurden Menschen verhaftet, die sich nicht in die Normen der »Volksgemeinschaft« einordneten – die Nazis nannten sie »Bettler, Landstreicher und Alkoholiker« oder »Zigeuner und wandernde Handwerker«.

Die österreichischen Verhafteten wurden nach Dachau verbracht, von wo später einige Transporte nach Buchenwald gingen, so dass damit die ersten nichtdeutschen Häftlinge im Lager registriert wurden.

Tatsächlich spielte das KZ Buchenwald in dieser Aktion eine zentrale Rolle. Zunächst als »Arbeitszwangshäftlinge Reich« (AZR), kurze Zeit später als »Arbeitsscheu Reich« (ASR) bezeichnet, kamen bis zum Sommer 1938 etwa 4.500 Häftlinge im Rahmen dieser Aktion ins Lager. Sie machten damit mehr als die Hälfte der Häftlingsgesellschaft aus. Bei seinem Aufbau war das Lager für etwa 5.000 Häftlinge ausgelegt, von daher war mit dieser Aktion zum ersten Mal eine massive Überbelegung zu verzeichnen.

Dabei wurden auch jüdische Männer verhaftet, denen etwa Devisenvergehen oder Verstöße im Straßenverkehr vorgehalten wurden. Allein 1.256 jüdische Männer wurden im Rahmen dieser Aktion ins KZ Buchenwald verschleppt. Über ihre Behandlung liegen verschiedene Häftlingsberichte vor. So sei ein Teil der jüdischen Häftlinge im sogenannten Schafstall, einem ehemaligen Viehstall, ohne jegliches Mobiliar inhaftiert worden. Diese Gefangenen kamen überwiegend aus Berlin und Breslau.

Als Verpflegung wurden 300 g Brot und 750 ml Wassersuppe zugeteilt. Die katastrophalen Bedingungen forderten bis August 1938 150 Todesopfer. Berichte darüber im Radiosender der britischen BBC führten zur Verlegung der Überlebenden in eine normale KZ-Baracke.

**Reichspogromnacht (November 1938)**

Am 9. November 1938 fand erstmals in der neueren deutschen Geschichte ein über das ganze Deutsche Reich ausgedehntes Pogrom gegen jüdische Menschen statt. Als Anlass wurde das Attentat des jungen polnischen Juden Herschel Grynszpan auf den deutschen Botschaftsrat Ernst vom Rath am 7. November 1938 in Paris genommen. Bereits am selben Abend gab es in Nordhessen, organisiert von SS und SA, erste gewalttätige Ausschreitungen und Zerstörungen jüdischer Einrichtungen und Synagogen. Als am Abend des 9. November in München auf einer Führertagung diese Pogrome als »Vorbild« gelobt wurden, war kein Halten mehr. Reichsweit brannten SA und SS Synagogen nieder, zerschlugen Fensterscheiben jüdischer Geschäfte, zertrümmerten die Einrichtungen und plünderten. Wer ihnen entgegentrat, wurde verprügelt. 91 jüdische Todesopfer gab die NSDAP infolge dieser Nacht bekannt. Anschließend wurde jüdischen Menschen eine »Buße« von einer Milliarde Reichsmark zur Begleichung der Schäden auferlegt. Dazu mussten diese sämtliche Wertgegenstände, Edelmetalle und Kunstwerke verkaufen und den Erlös auf ein Konto der Reichsregierung einzahlen. Um diesen Raub jüdischen Eigentums zu unterstützen, wurden in den Tagen nach der Reichspogromnacht 30.000 Personen verhaftet, misshandelt und in die Konzentrationslager Buchenwald, Dachau und Sachsenhausen verschleppt. Einer Anweisung des Reichssicherheitshauptamtes (RSHA) nach sollten dies überwiegend »vermögende Juden« sein. Nach Buchenwald kamen gut 10.000. Der Transport erfolgte teils durch LKW, teils mit der Bahn. Schon auf dem Weg vom Bahnhof Weimar nach Buchenwald, so berichteten Überlebende, stand die SS mit Knüppeln und Peitschen bewaffnet Spalier und schlug auf die Neuankömmlinge ein. Die von blutigen Gepäck- und Kleidungsstücken bedeckte Straße glich einem Schlachtfeld. Zurückbleibende wurden erschossen. Die Überlebenden mussten die blutüberströmten Toten und Verwundeten mit ins Lager schleppen. Am Lagertor stauten sich die Massen. Die SS ließ das große Gittertor geschlossen. Die Ankommenden mussten durch das kleine Tor, dort standen die SS-Blockführer wieder Spalier und schlugen erneut auf sie ein. Nicht einer kam ohne Verletzung davon. Was sich damals zutrug, empfanden selbst die bereits im Lager befindlichen Häftlinge als ungeahnt grausam. So wurden in der ersten Nacht 68 Juden wahnsinnig und dann auf Veranlassung von SS-Oberscharführer Sommer, der zuständig für den Bunker (Arrestzellen) war, wie tolle Hunde totgeschlagen.

Da das Stammlager bereits belegt war, wurden für die neu Angekommenen primitive Notbaracken mit den Nummern Ia bis Va auf dem oberen Teil des Appellplatzes errichtet. In jeder Baracke wurden 2.000 Juden eingepfercht, während dieser Raum ursprünglich für 400 Personen berechnet war. Es gab weder Fenster noch Türen. Nur in der Mitte war ein nach jeder Seite offener Durchgang. In Abständen von 60 bis 70 cm wurden Holzlager auf fünf Etagen errichtet. Nur kriechend konnte ein Mensch auf diese Lagerstätten gelangen.

Die Behandlung war noch schlechter als für die übrigen Häftlinge. Es gab keine Waschgelegenheiten, keine Heizung. Die sanitären Verhältnisse waren unvorstellbar. Die ersten zwei Tage gab es nichts zu essen und zu trinken; auch kein Wasser. Am dritten Tag gab es verdorbenes Walfischgulasch. Es entstand eine Durchfallepidemie. Alles rannte zur Latrine, die noch im Bau begriffen war. Der Gestank war fürchterlich.

Die SS nutzte die Aktion nicht nur zur Befriedigung ihrer Mordlust, sondern auch zur persönlichen Bereicherung, an der von der SS-Führung bis zum kleinsten SS-Mann alle beteiligt waren. Per Lautsprecher wurde verkündet: »Alle Millionäre und vermögende Juden ans Tor.« Ihnen wurden Unterschriften für größere Geldspenden abverlangt. Diejenigen, die Autos, Häuser usw. der SS überschrieben, wurden bevorzugt entlassen mit der Auflage, das Deutsche Reich anschließend zu verlassen. Sie durften plötzlich schreiben, um sich Geld von zu Hause schicken zu lassen, das die SS dann kassierte.

Als das Lager Ia bis Va am 13. Februar 1939 aufgelöst wurde, befanden sich noch gut 300 »Aktions-Juden«, fast alle ohne Vermögen, im Lager – sie verblieben im KZ. Die Zahl der Toten belief sich in den 5 Baracken auf 600.

**Ermordung von Pfarrer Paul Schneider**

Im April 1939 wurden 2.300 Häftlinge aufgrund einer sogenannten Gnadenaktion entlassen. Die Mehrzahl waren »Asoziale«. Auch eine Reihe politischer Häftlinge kamen frei. Diese »Gnade« wurde einem der prominenten Häftlinge nicht zuteil, nämlich dem evangelischen Pfarrer Paul Schneider. Dieser hatte sich als Vertreter der »Bekennenden Kirche« in seiner Gemeinde Dickenschied (Hunsrück) gegen die NS-Kirchenpolitik gestellt und war mehrfach in Konflikt mit den örtlichen NSDAP-Oberen geraten, so dass er »Besuch« von der Gestapo erhielt und Warnungsverhandlungen gegen ihn stattfanden.

Anlässlich des Erntedank-Gottesdienstes im Oktober 1937 wurde er erneut verhaftet und diesmal zur Abschreckung in das KZ Buchenwald verschleppt. Am 27. November 1937 wurde Paul Schneider in Buchenwald registriert. Wie alle neuankommenden Häftlinge wurde er beim Aufbau des Lagers eingesetzt. Die schweren körperlichen Arbeiten im Kommando Straßenbau und in weiteren Kommandos konnte er aufgrund seiner guten körperlichen Verfassung aushalten. Er zeigte sich dabei solidarisch mit schwächeren Mithäftlingen, indem er manchmal sogar deren Arbeit übernahm.

Seinen widerständigen Geist konnten auch diese Strapazen nicht brechen. Als er bei einem Fahnenappell anlässlich des Führergeburtstages am 20. April 1938 den Hitlergruß verweigerte, seine Mütze nicht abnahm und als Begründung angab: »Dieses Verbrechersymbol grüße ich nicht!«, wurde er öffentlich mit Stockschlägen bestraft und in eine Einzelzelle des Arrestgebäudes (»Bunker«) gesperrt.

Über ein Jahr lang wurde Paul Schneider in der Einzelzelle gefangen gehalten und vor allem vom SS-Aufseher Martin Sommer gequält, bis er körperlich nur noch ein Wrack war.

Trotz dieser schweren Misshandlungen sah er es als seine Verpflichtung an, die christliche Botschaft zu verkünden. Zwar wusste er, dass unter den Häftlingen zumeist politische Gegner des NS-Regimes waren, die mit Kirche und Glauben weniger verbunden waren. Dennoch wollte er auch diesen Menschen seine Glaubensbotschaft weitergeben. Walter Poller berichtete, dass Paul Schneider am Ostersonntag 1939 von seiner Zelle aus während des morgendlichen Zählappells den Häftlingen draußen auf dem Appellplatz zugerufen habe: »Kameraden, hört mich. Hier spricht Pfarrer Paul Schneider. Hier wird gefoltert und gemordet. So spricht der Herr: ›Ich bin die Auferstehung und das Leben!‹« Weiter kam er nicht. Massive Stockschläge ließen ihn wieder verstummen. Paul Schneider trug in der Erinnerung seiner Mithäftlinge daher den Ehrennamen »Prediger von Buchenwald«. (Walter Poller, Arztschreiber in Buchenwald)

Ein Zeichen für Schneiders Konsequenz war sicherlich auch, dass er sich weigerte, den Forderungen der Gestapo nach Wohlverhalten nachzukommen. Da das gegen ihn anhängige Verfahren beim Sondergericht in Köln schon im Sommer 1938 eingestellt worden war, hätte er das KZ verlassen können, wenn er sich dem Ausweisungsbefehl der Gestapo aus der Rheinprovinz gebeugt hätte. Das tat er jedoch nicht. Das kirchenleitende rheinische Konsistorium versetzte ihn daraufhin am 15. Juni 1939 in den »Wartestand« mit der Begründung, Schneiders »staatsfeindliches Verhalten« und das »Fehlen einer positiven und vorbehaltlosen Bejahung des heutigen Staates« böten keine Aussicht auf Entlassung aus dem Konzentrationslager. Tatsächlich erreichte dieses Schreiben Paul Schneider nicht mehr vor seinem Tod.

Aufgrund der schweren Misshandlungen im Bunker bedurfte Schneider mehrfach medizinischer Behandlung, die aber im Krankenbau nur sehr eingeschränkt erfolgreich sein konnte. Berichte sprechen davon, die SS habe verhindern wollen, dass dem Körper des Pfarrers die Folter anzusehen sei. Dennoch war eine Entlassung dieses aufrechten Christen nicht vorgesehen. Am 18. Juli 1939 wurde Pfarrer Paul Schneider von dem Lagerarzt Erwin Ding-Schuler nach dem Bericht des als Arztschreiber eingesetzten KZ-Häftlings Walter Poller durch eine starke Überdosis des Herzmedikaments Strophanthin ermordet.

Der Leichnam wurde in einem verschlossenen Sarg, der auch für die Trauerfeier in Dickenschied nicht geöffnet werden durfte, in den Hunsrück überführt, wo Paul Schneider unter großer Anteilnahme der Gemeinde, man sprach von tausend Trauergästen, darunter 200 Pfarrern, beigesetzt wurde.

## III.
## Das Lager im Krieg

Schon vor Beginn des Krieges befanden sich im KZ Buchenwald die ersten ausländischen Häftlinge. Es waren politische und jüdische Häftlinge aus Österreich, die im Frühjahr 1938 nach dem »Anschluss« eingeliefert wurden, und aus den von Deutschland besetzten tschechischen Gebieten. Mit dem Überfall auf Polen am 1. September 1939 kamen Häftlinge aus allen vom deutschen Faschismus okkupierten Ländern in das Lager. Viele wurden Opfer von SS-Verbrechen.

**»Rosengarten« – das Polen-Sonderlager**

Am 15. und 16. Oktober 1939 wurden 2.098 Polen unter Schlägen und mit Hunden vom Bahnhof Weimar auf den Ettersberg getrieben – unter den Augen der einheimischen Bevölkerung. Sie wurden nicht in einem normalen Block aufgenommen: Für sie wurde an der Seite des Appellplatzes ein Sonderlager mit einer doppelten Stacheldrahtumzäunung in Höhe von 2,5 m errichtet. Es bestand aus vier Zelten und einem Bretterschuppen. Im südöstlichen Teil befand sich ein besonderer Käfig aus Brettern und Stacheldrahtgeflecht, in dem über 100 sogenannte polnische »Heckenschützen« untergebracht waren. Ihnen galt der ganze Hass der SS-Bewacher. Diese polnischen »Untermenschen«, »Heckenschützen« seien der siegreichen großdeutschen Wehrmacht »in den Rücken gefallen«. Immer wenn es gegen wehrlose Menschen ging, so Überlebende des Lagers, zeigten die »Banditen in SS-Uniform« Heldenmut beim Prügeln, beim Quälen und beim Töten. Schon in den ersten Tagen starben viele Häftlinge, weil man ihnen fast nichts zu essen oder trinken gab. Zudem prügelten SS-Leute auf die Häftlinge ein.

Ein besonderer Zynismus zeigte sich gerade auch am Ort des Polen-Lagers. Die Häftlinge konnten von dort direkt auf den SS-Zoo auf der anderen Zaunseite sehen. In dieser zur Unterhaltung der SS-Leute und ihrer Familien geschaffenen Einrichtung wurden Exemplare der heimischen Tierwelt gehalten und natürlich angemessen gepflegt und versorgt. Die Häftlinge sahen, dass sie in den Augen der SS weniger Wert waren als Tiere – eine Botschaft, die durchaus gewollt war.

Diese Art der Unterbringung und unkontrollierten Tötung geriet indes in Widerspruch zur faschistisch-bürokratischen Ordnung. Nach einiger Zeit ordnete die SS an, dass die noch lebenden Häftlinge »ordnungsgemäß« im Lager aufzunehmen seien. Angesichts des Zustands der Häftlinge schickte man zwei Häftlingsschreiber aus dem Krankenbau in das Sonderlager, die die Erfassung vornehmen mussten. Bei dieser Gelegenheit erfuhren die politischen Häftlinge die Hintergründe der Verhaftungen. Es waren meist junge Menschen, die von den vorrückenden deutschen Truppen überrollt, »zwischen die Fronten« gerieten und ohne von den Deutschen akzeptierten Papiere angetroffen wurden. Nachdem die Wehrmacht keine Handhabe für eine kriegsgerichtliche Aburteilung sah, übernahm die SS die Polen unter dem »Heckenschützen«-Vorwurf. Schon auf ihrem Transport nach Buchenwald waren sie der Grausamkeit und Brutalität ausgesetzt. Die anschließende Behandlung im Lager führte dazu, dass, bis auf einen, alle »Heckenschützen« in diesem Sonderlager starben.

Bei der Erfassung der Polen registrierten die Häftlingsschreiber, dass sich in deren Exkrementen Blut befand. Sie informierten den Kapo Walter Krämer im Häftlingskrankenbau. Dieser überzeugte den SS-Lagerarzt, dass man sich der Sache annehmen müsse, denn es bestehe die Gefahr einer Seuche. In den nächsten Wochen breitete sich tatsächlich in schnellem Tempo eine »Ruhr-Epidemie« aus. Der Ansatz war natürlich, die Haftbedingungen zu verbessern – selbst mit dem Hinweis auf »Seuchenschutz«. Krämer war sich bewusst, dass die SS viel mehr Angst vor einer Ansteckung der eigenen Leute hatte, als sich für die Haftbedingungen der Polen zu interessieren. Um die

Jahreswende 1939/40 beschloss die Lagerführung, das Polen-Sonderlager zu räumen. Die etappenweisen Überführungsaktionen aus dem Sonderlager ins Hauptlager, verbunden mit Entlausungs- und Reinigungsmaßnahmen bei meist klirrender Kälte, führten dazu, dass weitere polnischen Häftlingen starben, bevor sie offiziell ins Hauptlager aufgenommen werden konnten. Die Auflösung des Sonderlagers, das nur noch 110 polnische und jüdische Häftlinge überlebten, zog sich bis Ende Februar hin.

Aus Angst vor einer Ruhr-Epidemie bestellte die SS zum Jahresende 1939 bei der Pharmaabteilung des IG-Farben-Konzerns eine größere Charge an Ruhr-Impfstoffen, die zur Verhinderung der Ausbreitung unter den Häftlingen verimpft werden sollten. Natürlich lieferte der Konzern, schickte aber gleichzeitig eine Information an den SS-Lagerarzt, dass es sich zur Hälfte um einen noch nicht zugelassenen Impfstoff handelte, der sich im Erprobungsstadium für die Wehrmacht befinde. Da man wissen wollte, wie dieser Impfstoff wirke, bitte man darum, Blutproben von den geimpften Personen zu erhalten und einen Bericht über den Krankheitsverlauf, um das in die weitere Entwicklung des Impfstoffes einfließen lassen zu können. Zu diesem Zweck übermittelte man entsprechende Ampullen und kündigte an, dass ein Bote diese Blutproben abholen werde. »In der Hoffnung, auf Ihre Unterstützung in dieser Frage rechnen zu können, zeichnen wir mit Heil Hitler! Behringwerke«. (Aus: Buchenwald. Mahnung und Verpflichtung, S. 174)

Selbstverständlich ging die SS auf diese Anfrage der Marburger Behringwerke, die Teil der IG Farben waren, ein. Dem Pharmaunternehmen war unzweifelhaft klar, dass diese Blutproben von KZ-Häftlingen stammten. Das war der Beginn einer intensiven Kooperation, die später zu medizinischen Experimenten an Häftlingen und der Erprobung von Impfstoffen und Seren im Auftrag der IG Farben führte.

**Die Internationalisierung des Lagers**

Mit dem Fortschreiten der faschistischen Kriegs- und Okkupationspolitik kamen Häftlinge aus über dreißig Nationen in das Lager, Menschen aus den überfallenen Ländern. Sie waren teils als »unliebsame Ausländer«, teils als Kriegsgefangene der alliierten Armeen oder als politische Gegner und Zwangsarbeiter aus den okkupierten Ländern eingekerkert worden. Der Anteil der »Reichsdeutschen«, worunter die NS-Statistik Deutsche und Österreicher verstand, sank Mitte 1942 nach dem Überfall auf die Sowjetunion auf etwa 10 Prozent der Lagerstärke.

Die größte nationale Gruppe bildeten in der Diktion des NS-Regimes »Russen«, Häftlinge aus Sowjetrepubliken vom Baltikum bis nach Sibirien. Im Herbst 1944 betrug ihre Zahl annähernd 24.000 Menschen. Die ersten Transporte kamen bereits Ende 1941. Bis Mitte 1942 waren mehrere tausend sowjetische Häftlinge im Lager, die in eigens abgezäunten Blöcken, dem »Kriegsgefangenenlager« untergebracht waren, bevor ein Teil von ihnen nach Sachsenhausen deportiert wurde. In den Baracken gab es anfangs weder Tische noch Bänke oder Betten. Die Häftlinge schliefen auf dem nackten Boden, ohne Matratzen oder Decken. In den Sommermonaten mussten sie bei schlechtester Verpflegung und vollkommen unzureichender Bekleidung von 4 Uhr bis 20 Uhr arbeiten, oftmals ohne passendes Werkzeug. Ihre Behandlung war direkt auf Vernichtung angelegt.

Als nächstgrößere Gruppen waren fast 18.000 polnische Häftlinge, darunter auch Zivilarbeitskräfte und 6.500 Polinnen, die in Außenkommandos arbeiten mussten, und 13.500 Franzosen registriert. Die Zahl der Franzosen war im Laufe der Jahre 1943/44 enorm angestiegen, da der Widerstandskampf immer breitere Bevölkerungsschichten erfasste und Gestapo und SD – der zur SS gehörende sogenannte Sicherheitsdienst – mit großer Härte gegen Kämpfer der Résistance vorgingen. Die dabei Verhafteten kamen als Transporte aus dem Durchgangslager Compiègne bei Paris nach Auschwitz und auch nach Buchenwald. Auch aus Deutschland wurden französische Gefangene in der sogenannten »Nacht- und Nebel-Aktion« im September 1944 in das KZ Buchenwald überführt.

In dieser Statistik erfasste die SS die jüdischen Häftlinge separat. Unter diesen 10.800 Menschen stammten die meisten aus Polen und Ungarn. Nur knapp 7.000 Reichsdeutsche und 5.000 Tschechen wurden damals gezählt. Die anderen Nationalitäten, wie Jugoslawen, Italiener, Belgier, Niederländer, Dänen und Norweger, waren mit deutlich kleineren Kontingenten vertreten.

Die etwa 3.900 jugoslawischen Häftlinge in Buchenwald bildeten nach Aussagen von Rudi Supek* eine sehr heterogene Gruppe: »Hinter jedem ›J‹ verbargen sich Angehörige verschiedener jugoslawischer Völker. Am zahlreichsten waren die Slowenen vertreten, so dann die Kroaten, dann die Serben und zum Schluss kamen die Montenegriner. Es gab auch Mohammedaner aus Bosnien und aus den jugoslawischen Randgebieten an der Grenze Albaniens.« (Buchenwald. Ein Konzentrationslager, S. 48 f.)

Nach dem Ausscheren Italiens aus der faschistischen Allianz kamen Ende 1943 auch die ersten Italiener ins Lager. Es waren Militärinternierte, die in das Außenlager Dora und dort in das Kommando »Laura« verschleppt wurden. Im Herbst 1944 folgten noch einmal knapp 1.300 Kämpfer der Resistenza. Auch mehrere Hundert Widerstandskämpfer aus Belgien und den Niederlanden wurden im Frühjahr 1944 aus den Durchgangslagern Amersfoort und Breendonk nach Buchenwald verbracht.

---

* 1913-1993, jugoslawischer Kommunist, Mitglied des Internationalen Lagerkomitees, nach 1945 Professor für Soziologie an der Universität Zagreb.

Eine besondere Gruppe stellten die 350 norwegischen Studenten dar, die im Januar 1944 zur »Umerziehung« nach Buchenwald kamen. Sie waren wegen ihrer solidarischen Haltung bei anderen Häftlingen hoch angesehen. Trotz versuchter Isolierung teilten sie etwa die ihnen vom Dänischen Roten Kreuz übersandten Päckchen mit anderen Internierten. Um den Widerstand in Dänemark zu brechen, verhafteten die deutschen Truppen im Herbst 1944 dänische Polizisten. Über Neuengamme kamen fast 2.000 von ihnen nach Buchenwald. Durch eine Scharlachepidemie im Kleinen Lager fanden viele von ihnen den Tod.

Auch luxemburgische Polizei-Freiwillige wurden im August 1941 nach Buchenwald verschleppt. Sie waren jedoch schon auf andere Weise mit dem Lager in Kontakt gewesen. Zwei ehemalige Häftlinge berichten:

> »Wie ein Lauffeuer ging die Nachricht durchs Lager: Luxemburger Polizeibeamte, welche vor Wochen in Weimar stationiert waren, hat man ins K. Z. eingeliefert. In der Kaserne von Weimar in der Hardtstraße hatte nämlich, während ihres 6-monatigen Aufenthalts, ein Schuster- und Schneiderkommando von Häftlingen aus Buchenwald in den Kellergeschossen gearbeitet. Die Luxemburger sahen diese armen Teufel, wenn sie ankamen und wieder weggefahren wurden. Die Fenster zu den Kellern, in welchen sie arbeiteten, waren vergittert. Vor der verschlossenen Tür hielt ein Polizist Wache. Während der Zeit wanderte der größte Teil an Soldatenverpflegung und hie und da ein paar Zigaretten, welche sie von zu Hause erhalten hatten, durch die vergitterten Fenster zu diesen Häftlingen. Dieselben zeigten sich im Lager erkenntlich, klärten sie über das Lagerleben und seine Gefahren auf. Daraufhin erhielten sie vom Blockältesten und vom Vorarbeiter des Steinbruchs, in welchen sie zur Strafkompanie zugeteilt worden waren, die Zusicherung, dass keinem Luxemburger etwas zustoßen dürfe.« (Konzentrationslager Buchenwald 1937-1945, S. 172)

**Die Genickschuss-Anlage**

Die Behandlung sowjetischer Kriegsgefangener nach dem Überfall auf die UdSSR widersprach allen Regeln der Genfer Konvention. Zwangsarbeit, mangelnde gesundheitliche Versorgung, menschenunwürdige Unterbringung und katastrophale Ernährung prägten deren Situation.

Eine Steigerung erfuhr diese Behandlung allerdings noch bei der Verschleppung nach Buchenwald. Um den Anschein aufrechtzuerhalten, sie kämen in ein Stalag – also in ein (Mannschafts-)Stammlager, in denen die Wehrmacht kriegsgefangene Soldaten unterbrachte –, wurden auf dem Appellplatz unterhalb des Kantinengebäudes sechs Blöcke mit einem eigenen Zaun abgetrennt und zum »Kriegsgefangenenlager« erklärt.

Drei unterschiedliche Gruppen wurden als sowjetische »Kriegsgefangene« eingeliefert. Zum einen waren es Kriegsgefangene, für die es in den Stalags keinen Platz mehr gab; die zweite Gruppe waren »Arbeitserziehungshäftlinge«, also sowjetische Zwangsarbeiter, die die von den »Herrenmenschen« erwartete Arbeitsleistung nicht erbrachten und diese durch einen KZ-Aufenthalt steigern sollten. Die dritte Gruppe war aus der Perspektive der SS die »gefährlichste Häftlingsgruppe«, sogenannte »politische Kommissare« der sowjetischen Armee. In der Roten Armee gab es Offiziere, die für die politische Moral der Truppe zuständig waren. In Vorbereitung auf den Überfall auf die Sowjetunion (»Fall Barbarossa«) war seitens der Reichswehr ein »Kommissarerlass« verkündet worden, der diese Offiziere der sowjetischen Streitkräfte außerhalb des Kriegsvölkerrechts stellte. »Kommissare« sollten an der Front sofort liquidiert werden. Wenn man in den Kriegsgefangenenlagern durch Befragungen einzelne Gefangene als »Kommissare« glaubte erkannt zu haben, wurden sie abgesondert und nach Buchenwald verschleppt. Hier wurden sie einer »Sonderbehandlung« unterzogen.

Schon im Oktober 1941 gab es die ersten Morde an sowjetischen Kriegsgefangenen. Mit dem Eintreffen der »Kommissare« wurden diese systematisiert, wie aus einem Häftlingsbericht hervorgeht:

> »Etwas abgelegen vom eigentlichen Lager erstreckte sich, von Buchen und Tannen umgeben, ein Gebäude, von außen deutlich als Pferdestall erkennbar. Kein Vorübergehender konnte ahnen, dass sich hinter diesen Mauern Spielarten des grausigsten Sadismus, den sich je die menschliche Phantasie ausmalen konnte, austobten. Die sowjetischen Kriegsgefangenen, die nach Buchenwald gekommen waren und denen man erklärt hatte, sie würden in ein anderes Lager überführt …, ahnten sicher nicht, wenn sie das schaurige Gebäude von Westen her betraten, dass sie es von der Ostseite nur als Leiche verlassen konnten. Hatten sie das Auto verlassen und den Eingang passiert, so befanden sie sich in dem Auskleideraum. Hier mussten sie sich nackt ausziehen und alle Wertsachen, Papiere und Erkennungsmarken abliefern. Dann wurden sie einzeln bei lauter Radiomusik – um irgendwelche verdächtigen Geräusche zu übertönen – in das sogenannte Arztzimmer geführt. Dort nahmen als Ärzte getarnte SS-Offiziere eine formelle Untersuchung vor. Als gesund erklärt, wurden die Opfer sodann zur angeblichen Messung der Körpergröße unter eine an der Wand angebrachte Messvorrichtung gestellt. Auf ein Klopfzeichen öffnete dann ein im gegenüberliegenden Zimmer befindlicher SS-Schütze eine Klappe und schoss durch einen in der Mess-Skala befindlichen etwa 2 Zentimeter breiten Schlitz in das Genick des Gefangenen. Die Leiche wurde sofort weggeschafft, der Raum mittels eines Wasserschlauches vom Blut gesäubert.« (Ludwig Rusch: Das war Buchenwald, S. 72-75)

Da die SS selbst bei der Vorbereitung ihrer Verbrechen nicht ohne die Arbeit der Häftlinge auskam, gab es eigentlich für alle Morde und Massenverbrechen Zeugen. Die SS versuchte in den letzten Monaten solche Zeugen zu liquidieren, aber in den Jahren, in denen sie von »Endsieg« und »Weltherrschaft« träumte, glaubte sie, dazu keine Veranlassung zu haben. So gab es immer wieder politische Häftlinge, die von den Verbrechen der SS detailliert Kenntnis hatten und nach der Befreiung aussagen konnten. Einer dieser Berichte stammt von Armin Walther:

»Am Einbau der Genickschussanlage in den Pferdestall waren außer mir noch 13 Häftlinge, meist Zimmerer und Tischler, beteiligt. Ich schloss die Radioanlage und Herbert Morgenstern das Telefon mit der Rufnummer 99 an. Ich musste weiter zusammen mit dem Kameraden Morgenstern die Fernschreib- und Telefonzentrale technisch betreuen. So war es uns möglich, fast alle eingehende Fernschreiben zu lesen. Auch in die dechiffrierten Funksprüche konnten wir Einblick nehmen. Die meisten Funksprüche kamen unter dem Rufzeichen Oma aus der Gestapozentrale in der Prinz-Albrecht-Straße in Berlin.

Vom Kameraden Walter Jurich erhielt ich den Auftrag, festzustellen, ob Transporte von sowjetischen Kameraden über den Funk oder über den Fernschreiber gemeldet wurden. Tatsächlich kamen solche Meldungen:

›Transport X65, davon Ex. 40. Der größte Transport, der gemeldet wurde, umfasste 800 Häftlinge, davon Ex. 423.‹ Diese Zahlen habe ich weitergegeben.

›Ex‹ bedeutete: Beseitigen! Diese Zahlen wurden von mir auf einem Fernschreibstreifen festgehalten. Bei einem vollen Tausend legte ich ein kleines Stück Papier in den Mikrofonbehälter. So ist mir ganz fest die Zahl 8475 im Gedächtnis geblieben. – Bei der Vernehmung im Buchenwald-Prozess in Dachau 1947 gab der ehemalige SS-Oberscharführer Dietrich eine versuchsweise Erschießung von acht Häftlingen zu, so dass die Gesamtzahl der erschossenen sowjetischen Kriegsgefangenen 8483 beträgt.« (Buchenwald-Archiv 502-22. Bericht Armin Walther, 17. März 1958)

**Das »Kleine Lager«**

Ein exponierter Ort der Inhumanität und der Verbrechen des Lagersystems war das Kleine Lager am unteren Rand des Stammlagerbereichs.

Anlässlich der Einweihung der Gedenkstätte des Kleinen Lagers am 14. April 2002 schilderte Bertrand Herz* die Situation mit bewegenden Worten:

> »Von Ende 1942 an wurden die Deportierten aller Nationalitäten bei ihrer Ankunft in dieses Quarantänelager gepfercht. Es waren Polen, Russen, Tschechen, Franzosen, Belgier und Holländer usw. Sie waren ganz unterschiedlicher Herkunft, aber größtenteils Widerstandskämpfer aus den besetzten Gebieten, politische Oppositionelle, Menschen, die Razzien zum Opfer gefallen waren oder aus rassischen Gründen Deportierte. Sie blieben hier mehr oder weniger lange Zeit, bevor sie in Außenkommandos geschickt oder ins große Lager überwiesen wurden. Zwischen Mai und Dezember 1944 wurden viele von ihnen angesichts der großen Zahl von Neuankömmlingen in eilig errichteten Zelten untergebracht, in denen unvorstellbare hygienische Bedingungen herrschten, da jede sanitäre Anlage fehlte.«

Das Lager bestand aus langen fensterlosen Baracken, ehemalige Pferdeställe mit vierstöckigen Pritschen, in denen man nicht aufrecht sitzen konnte und in denen man mit angezogenen Beinen im Dreck und in fürchterlichem Gedränge schlafen musste. Gedränge gab es auch bei diesen einfachen stinkenden Gräben mit dem hochtrabenden Namen ›Latrinen‹. In seinem Bericht fuhr Herz fort:

> »Von 1944 an handelte es sich nicht mehr nur um ein Quarantänelager, sondern schon zum Teil um ein Sterbelager, um eine Zweigstelle des Reviers wie dieser Block 61, wo die

---

* 1930-2021, französischer Häftling, als Jugendlicher nach Buchenwald verschleppt, viele Jahre Präsident des Internationalen Komitees Buchenwald-Dora und Kommandos.

Alten, die Arbeitsunfähigen, Epileptiker, Ruhrkranken usw. aller Nationalitäten und verschiedenster Herkunft in einem Umfeld des Elends und des Todes miteinander lebten.

Die Ankunft der Häftlinge aus den Lagern in Schlesien (u.a. Auschwitz) zu Beginn des Jahres 1945, die vor der heranrückenden sowjetischen Armee evakuiert wurden, in der Mehrzahl Juden, aber auch Sinti und Roma, verwandelte das Kleine Lager in einen Ort des Schreckens. Es herrschte Gedränge, manchmal wurden 1.300 Häftlinge in einen Block gepfercht, der für 750 bestimmt war. Und dann befanden sich diese Menschen in einem fürchterlichen physischen Zustand, da sie im Gegensatz zu den Häftlingen 1943 und 1944 schon die Schrecken eines Aufenthalts in anderen Lagern erfahren hatten. Aus diesem Grund starben die Insassen des überfüllten Kleinen Lagers sehr schnell zu Tausenden an Erschöpfung und dann auch durch Todesspritzen, durch den Transfer in andere Lager wie Bergen-Belsen und schließlich Anfang April auf den Todesmärschen in östlicher Richtung auf der Flucht vor den heranrückenden Amerikanern.« (Bericht in: Die Glocke vom Ettersberg, Heft II-2002)

## Sonderbereiche im KZ Buchenwald

***Der »Sonderbau«*** | Die Menschenverachtung, die das KZ Buchenwald ausmachte, zeigte sich auch in der Einrichtung eines »Sonderbaus«. Das war Ausdruck rassistischer und männlicher Herrschaftsfantasien der SS. Man glaubte, dass Häftlinge, wenn sie die Möglichkeit bekämen, ihren Sexualtrieb zu befriedigen, höhere Arbeitsleistungen im Sinne der SS erbringen würden. Zu diesem Zweck wurden Frauen, die in das KZ Ravensbrück wegen »Prostitution« eingewiesen wurden, nach Buchenwald abkommandiert, um genau das, wofür sie vom NS-Regime bestraft wurden, hier zu praktizieren. Ihnen wurde die spätere Freilassung versprochen, wenn sie diese für alle Beteiligten erniedrigende Tätigkeit längere Zeit im Sinne der SS erledigen würden. Als rassistische Begrenzung galt jedoch, dass die »Besucher« nur Reichsdeutsche sein dürften. Eine solche Ausnutzung des weiblichen Körpers widersprach der Vorstellung der politischen Häftlinge, so dass die Orientierung galt, keinen sexuellen Kontakt zu diesen Frauen aufzunehmen. Gleichzeitig setzten sich die Häftlinge des Lagerschutzes zum Ziel, dass keiner der männlichen Besucher sich unangemessen gegenüber den Frauen verhielt.

***Prominentenlager »Fichtenhain«*** | Das KZ Buchenwald bekam im Jahr 1943 noch eine weitere Funktion im Kalkül des NS-Regimes. Außerhalb des Stammlagers, im SS-Bereich, wurde das sogenannte Prominentenlager »Fichtenhain« eingerichtet. Das NS-Regime internierte hier seit Herbst 1943 den Sozialdemokraten Rudolf Breitscheid und seine Frau Toni sowie die italienische Prinzessin Mafalda, Tochter von König Viktor Emanuel III. Sie war verheiratet mit Philipp Prinz von Hessen, NS-Oberpräsident der Provinz Hessen-Nassau. Nach dem Sturz Mussolinis im Sommer 1943 wurde Mafalda im Oktober 1943 nach Buchenwald verschleppt. Sie sollte als Geisel gegenüber dem italienischen König eingesetzt werden. Bei einem Bombenangriff auf den SS-Bereich im August 1944 wurde sie schwer verletzt und starb an den Folgen.

Schon im September war diese Isolierbaracke wieder hergestellt. Nun wurden bis Frühjahr 1945 hier »Sippenhäftlinge«, Familienangehörige der am Attentat auf Hitler vom 20. Juli 1944 beteiligten Offiziere und Politiker, darunter die Familien Goerdeler, von Stauffenberg, von Hofacker und von Hammerstein eingekerkert. Anfang April 1945 wurden sie nach Bayern verlegt.

## Die Ermordung Ernst Thälmanns

Am 16. September 1944 meldete der *Völkische Beobachter*, der ehemalige SPD-Reichstagsabgeordnete Rudolf Breitscheid und der KPD-Vorsitzende Ernst Thälmann seien »bei einem alliierten Terrorangriff« auf Weimar und dessen Umgebung ums Leben gekommen.

Tatsächlich hatte am 24. August 1944 ein Bombenangriff die Rüstungsbetriebe bei Buchenwald zerstört. Dabei war Rudolf Breitscheid im Prominentenlager »Fichtenhain« ums Leben gekommen. An dem Tag war Thälmann bereits ermordet.

Inhaftiert ohne Prozess und Urteil, befand sich Thälmann im Sommer 1944 in einer Zelle im Zuchthaus Bautzen. Nach dem gescheiterten Attentat vom 20. Juli 1944 wurde auf einer Führerbesprechung von Heinrich Himmler am 14. August 1944 vermerkt: »Thälmann ist zu exekutieren«. Der folgende Ablauf ist gut belegt. Am 17. August 1944 erfolgte per Telefon eine entsprechende Order an das KZ Buchenwald. Dazu wurde Thälmann durch zwei Gestapo-Beamte aus dem Zuchthaus Bautzen abgeholt und ins KZ Buchenwald gebracht, wo man ihn durch ein Nebentor direkt zum Krematorium schaffte. Dort wurde er in der Nacht vom 17. August zum 18. August von einem SS-Kommando, dem Wolfgang Otto angehörte, in Empfang genommen und erschossen. Seine Leiche wurde direkt danach verbrannt.

Da die Nazis selbst nicht sicher waren, ob dieses Verbrechen auf Dauer geheim zu halten war, versuchten die Mörder ihre Tat propagandistisch zu kaschieren. Deshalb lancierte man im *Völkischen Beobachter* die genannte Meldung, Thälmann sei zusammen mit Breitscheid bei einem alliierten Bombenangriff ums Leben gekommen. Im KZ selber hatte sich der Mord schneller herumgesprochen, als es der SS lieb war. Als die Meldung im *Völkischen Beobachter* erschien, hatten die Genossen traurige Gewissheit. Schon vorher hatte sich ein polnischer Tatzeuge deutschen Antifaschisten anvertraut und ihnen vom Mord an Ernst Thälmann berichtet. Im Buchenwald-Prozess 1947 in Dachau wiederholte der Zeuge seine Aussage. Am 26. April 1947 berichtete die *Rhein-Neckar-Zeitung* über die Zeugenaussage des vormaligen polnischen Häftlings Marian Zgoda:

»Am 17. August 1944 war dem SS-Oberscharführer Warnstedt telefonisch die Anweisung übermittelt worden, die Verbrennungsöfen anheizen zu lassen. Trotz Verbots versteckte sich Zgoda hinter einem Schlackehaufen, um zu erfahren, was die ungewöhnlichen Vorbereitungen der SS bedeuteten. Gegen Mitternacht kamen acht SS-Leute ins Krematorium, die Zgoda alle namentlich nennt, darunter Stabsscharführer Wolfgang Otto, Angehöriger des ›Kommando 99‹ genannten ständigen Exekutionskommandos, und Oberscharführer Werner Berger. Etwa zehn Minuten später wurde ein breitschultriger Zivilist in einem Auto in den Vorhof des Krematoriums gefahren; Zgoda fiel besonders auf, dass dieser Mann keine Haare hatte. Im selben Augenblick, da der Gefangene die Türe passiert hatte, wurde er durch drei Schüsse von hinten niedergestreckt, anschließend wurde er durch einen vierten Schuss endgültig getötet. Als die Mörder das Krematorium verließen, hörte Zgoda den Rapportführer Hofschulte zu Otto sagen: ›Weißt du, wer das war?‹ Darauf Otto: ›Das war der Kommunistenführer Thälmann.‹«

In einer – wenn man die Regeln der Konspiration anwendet – unbedachten, aber selbst aus heutiger Sicht verständlichen Reaktion organisierten kommunistische Häftlinge am 18. September 1944 im Keller des Desinfektionsblocks eine illegale Gedenkfeier für Ernst Thälmann. Die Aktion war nicht mit der illegalen Leitung abgestimmt. Wahrscheinlich hätte sie aus Sicherheitsgründen ein solches Treffen abgelehnt, denn tatsächlich war auch ein Spitzel bei dieser Feier zugegen. Mehrere Teilnehmer wurden verraten, unter ihnen Robert Siewert*, der die Gedenkrede hielt, Bruno Apitz**, der bei der Feier musizier-

---

* 1887-1973, Mitglied der KPD-Opposition, deutscher Häftling, 1938-1944 Kapo im Baukommando, nach 1945 Minister in der SBZ und verantwortliche Tätigkeit in der DDR.

** 1900-1979, Schriftsteller, deutscher Häftling, nach 1945 Redakteur und Autor von »Nackt unter Wölfen«.

te, und Willi Bleicher*, Kapo in der Effektenkammer, der von der Gestapo als Organisator der Gedenkfeier angesehen wurde. Siewert und Bleicher wurden in das Gestapogefängnis von Weimar überstellt und grausam misshandelt.

* 1907-1981, Mitglied der KPD-Opposition, deutscher Häftling, nach 1945 hauptamtlich bei der IG Metall in Baden-Württemberg.

# IV.
# »Vernichtung durch Arbeit«

## Die Arbeitseinsätze der Häftlinge

Eine zentrale Funktion des Lagers Buchenwald im Rahmen der faschistischen Kriegspolitik war die Ausbeutung der Häftlinge als billigste Arbeitskräfte für die Rüstungsproduktion – und zwar bis zur Erschöpfung. In diesem Sinne war das KZ Buchenwald zwar kein Vernichtungslager wie Auschwitz oder Treblinka, hier wurde eine »Vernichtung durch Arbeit« praktiziert. Der Zwangsarbeitseinsatz im KZ Buchenwald begann vom ersten Tag an. Wie geschildert wurden die Häftlinge zum Aufbau des Lagers auf dem Ettersberg eingesetzt. Schon ab 1938 lassen sich Arbeitseinsätze in Weimar und Umgebung nachweisen. Jens Schley, der das Verhältnis von Weimar zum KZ Buchenwald untersucht hat, berichtet von über 90 Arbeitsorten – besonders in ortsansässigen Baufirmen, bei denen Häftlinge des Lagers eingesetzt waren. Hierunter befanden sich kleine Handwerksbetriebe, aber auch die Arbeitsgemeinschaft »Großmarkthalle Weimar« und die Stadtwerke Weimar. In dieser Liste waren noch nicht die SS-eigenen Deutschen Ausrüstungswerke (DAW) und die Gustloff-Werke mit ihren beiden Betriebsteilen in Weimar und auf dem Ettersberg eingerechnet.

Mit Beginn des Krieges und der Einziehung von arbeitsfähigen deutschen Männern in die Wehrmacht verschärfte sich das Problem der Arbeitskräfte für die Kriegsproduktion – nicht nur in den Rüstungsunternehmen. Deshalb forderten insbesondere Großunternehmen, deren Konzernchefs die Hitler-Regierung an die Macht gebracht hatten und die von der Aufrüstung und vom Krieg profitierten, für die Sicherstellung der Produktion in dem vom NS-Regime geforderten Umfang ausreichende Arbeitskräfte. In den okkupierten Ländern wurden seitens der Wehrmacht, der Organisation Todt – einer paramilitärischen Organisation für Baumaßnahmen in der NS-Zeit – und später durch die SS mehrere Millionen Zwangsarbeiter ausgehoben und ins Deutsche Reich deportiert. Auch Häftlinge der Konzentrationslager wurden den Unternehmen als Zwangsarbeitskräfte angeboten. Zwischen vier und sechs Reichsmark pro Tag zahlte der Konzern für einen Arbeitssklaven, sozusagen als »Verwaltungsgebühr« der SS. Dafür mussten in den Betrieben Schichten von 12, 14 oder 16 Stunden Dauer geleistet werden.

Da die Arbeitskraft eines Häftlings auch im Sinne des NS-Regimes zunehmend wichtiger wurde, erklärte Oswald Pohl, SS-Obergruppenführer und General der Waffen-SS, in einem Schreiben vom 30. April 1942 an Reichsführer SS Heinrich Himmler über die Mobilisierung aller Häftlingsarbeitskräfte für die Kriegsproduktion:

> »Der Krieg hat eine sichtbare Strukturveränderung der Konzentrationslager gebracht und ihre Aufgaben hinsichtlich des Häftlingseinsatzes grundlegend geändert. Die Verwahrung von Häftlingen nur aus Sicherheits- also vorbeugenden Gründen allein steht nicht mehr im Vordergrund. Das Schwergewicht hat sich nach der wirtschaftlichen Seite hin verlagert. Die Mobilisierung aller Häftlingskräfte zunächst für Kriegsaufgaben (Rüstungssteigerung) und später für Friedensaufgaben schiebt sich immer mehr in den Vordergrund.«

Der Chef des SS-Wirtschaftsverwaltungshauptamt (WVHA) ordnete dazu gegenüber Lagerkommandanten und Werkleitern an:

> »Der Lagerkommandant allein ist verantwortlich für den Einsatz der Arbeitskräfte. Dieser Einsatz muss im wahrsten Sinne des Wortes erschöpfend sein, um ein Höchstmaß an Leistung zu erreichen. … Die Arbeitszeit ist an keine Grenzen gebunden. Ihre Dauer hängt von der betrieblichen Struktur des Lagers und von der Art der auszuführenden Arbeiten ab und wird vom Lagerkommandanten allein festgesetzt.

Alle Umstände, welche die Arbeitszeit verkürzen können (Mahlzeiten, Appelle u.a.) sind daher auf ein nicht mehr zu verdichtendes Mindestmaß zu beschränken. Zeitraubende Anmärsche und Mittagspausen nur zu Essenszwecken sind verboten.« (IMG Nürnberg, Prozess gegen die Hauptkriegsverbrecher, Protokollband III, S. 515 f.)

Und so entstanden Außenkommandos bzw. Außenlager an den jeweiligen Arbeitsorten selber, oft fernab vom Stammlager, im ganzen Deutschen Reich. Von Außenkommandos spricht man zumeist, wenn die Häftlinge weiterhin im Stammlager untergebracht waren und nur zum Arbeitseinsatz ausrückten. Außenlager waren Einrichtungen mit eigenen Wachmannschaften und Strukturen, in denen Häftlinge dauerhaft zur Arbeit untergebracht waren. Diese Unterscheidung findet man jedoch weder in der Literatur noch in Häftlingsberichten in aller Klarheit.

## Die Außenlager

Die meisten der Buchenwalder Außenlager entstanden ab Ende 1943, obwohl es auch vorher bereits externe Arbeitskommandos gegeben hatte. Insgesamt 136 Außenlager zählte das KZ Buchenwald. Über die Lebens- und Arbeitsbedingungen in fast jedem dieser Lager liegen Dokumente und Berichte vor. Hier ergeben sich interessante Anknüpfungspunkte für regionale Geschichtsarbeit.

Bemerkenswert ist, dass zu den Auftraggebern der Zwangsarbeit nicht nur SS-Dienststellen, SS-eigene Firmen, Bauabteilungen der SS oder der Organisation Todt, Wehrmachts-, Polizei- oder NSDAP-Dienststellen, die Deutsche Reichsbahn und städtische Verwaltungen gehörten, sondern insbesondere »kriegswichtige« Betriebe. Die Liste der Unternehmen, in denen Buchenwald-Häftlinge Zwangsarbeit leisten mussten, liest sich wie ein damaliges »Who is who« der deutschen Großindustrie. Die wichtigsten waren:

- Adlerwerke, Frankfurt/M.
- ATG – Allgemeine Transportanlagengesellschaft Maschinenbau GmbH (Friedrich Flick KG)
- BMW
- Bochumer Verein für Gussstahlfabrikation
- BRABAG Braunkohlen-Benzin AG
- Büssing AG, Braunschweig
- Dynamit Nobel AG, Troisdorf
- Dessauer Waggonfabrik
- Deutsche Erd- und Steinwerke, DEST
- Dortmund-Hoerder-Hüttenverein AG
- Eisen- und Hüttenwerk AG, Bochum
- Erla Maschinenfabrik, Leipzig
- Ford Köln
- Gelsenberg Benzin
- Gustloff-Werke
- HASAG Hugo Schneider AG Leipzig
- Ernst Heinkel AG
- Hermann-Göring-Werke
- IG Farben-AG, Betriebsteil Wolfen
- Junkers-Flugzeug- und Motorenwerke AG
- Fr. Krupp, Essen
- Mibau – Mitteldeutsche Baugemeinschaft, Saalfeld
- Mitteldeutsche Papierwerke
- Niedersächsische Motorenwerke
- Polte-Werke, Magdeburg
- Rheinmetall-Borsig AG, Düsseldorf
- Ruhrstahl Witten
- Solvay (Chemische Fabriken)
- Waggonfabrik Köln/Deutz
- Westfälisch-Anhaltinische-Sprengstoff-AG (WASAG)
- Zahnradfabrik G. E. Reinhardt

Zu den größten Profiteuren der Arbeitssklaven zählte der IG-Farben-Konzern, der in Wolfen und in seinen Tochterunternehmen in Allendorf und Hessisch-Lichtenau mehrere Tausend Arbeitssklaven einsetze, die HASAG, die in Altenburg, Meuselwitz, Leipzig, Taucha, Schlieben und Flößberg insgesamt 10.000 Häftlinge einsetzten, sowie die BRABAG-Betriebe in Berga, Böhlen, Tröglitz und Magdeburg mit ca. 6.000 Häftlingen.

Auch BMW mit über 1.300 Häftlingen in den Außenlagern Abteroda und Bad Salzungen, Rheinmetall-Borsig mit großen Außenkommandos in Düsseldorf und Sömmerda sowie Junkers Flugzeug- und Motorenwerke in Dessau, Halberstadt, Langenstein-Zwieberge, Langensalza, Mühlhausen, Schönebeck, Aschersleben und weiteren Orten mit mehreren tausend Häftlingen waren die großen Nutznießer dieser Sklavenarbeit.

**Frauenaußenlager**

Zunächst war das KZ Buchenwald ein reines Männerlager. Erst im Zusammenhang mit der Neuordnung des Arbeitseinsatzes von KZ-Häftlingen wurden auch Frauenkommandos der Verwaltung von Buchenwald unterstellt. Zum 1. September 1944 wurden die Außenlager des KZ Ravensbrück, die im territorialen Einzugsbereich von Buchenwald lagen, übernommen. Hinzu kamen Lager mit weiblichen Häftlingen, die vor allem nach der Verschleppung der ungarischen Jüdinnen und Juden nach Auschwitz dort als »arbeitsfähig« selektiert worden waren und im Bereich des KZ Buchenwald zu Arbeitseinsätzen deportiert wurden, so bei den Sprengstoff-Werken Allendorf und Hessisch-Lichtenau. Das Leipziger Lager der HASAG mit über 5.000 Gefangenen war eines der ersten Frauenaußenlager.

Forschungen aus den 1980er Jahren ergaben für den Zeitraum vom Juni 1944 bis April 1945 die Zahl von 27 Frauenaußenlagern mit über 27.000 Deportierten. Irmgard Seidel, früher stellvertretende Direktorin der Nationalen Mahn- und Gedenkstätte Buchenwald, konnte mit ihren Recherchen diese Zahlen verifizieren sowie durch Zeugenaussagen und weitere

Quellen belegen, wie diese Lager direkt an den Standorten der Rüstungsbetriebe eingerichtet worden waren, damit die Frauen rund um die Uhr in 12-Stunden-Schichten zu schwerster Sklavenarbeit für den »totalen Krieg« einsetzbar waren. Die Lager waren genauso wie das Stammlager aufgebaut und eingerichtet, mit Stacheldraht umzäunt, mit primitivsten Häftlingsbaracken und dem berüchtigten Appellplatz. Zu den Wachmannschaften gehörten in diesem Fall aber auch weibliche SS-Angehörige.

Als Sklavenarbeiterinnen wurden zumeist junge, arbeitsfähige Frauen ausgewählt. 90 Prozent von ihnen im Alter zwischen 16 und 40 Jahren. Der »Bedarf« der Unternehmen an diesen billigen Arbeitskräften war weit höher, als die SS in dieser Zeit noch liefern konnte.

Im Krupp-Prozess 1948 wurde die treibende Rolle des Konzerns bei der Ausplünderung weiblicher Häftlinge exemplarisch nachgewiesen. Zwei überlebende junge Jüdinnen sagten vor dem Gericht als Zeugen aus. 1944 forderte der Krupp-Konzern für seine Essener Betriebsstätte 4.000 Häftlinge als Arbeitskräfte an. Das Lager Buchenwald konnte jedoch nur 2.000 anbieten. Das Gericht sah Folgendes als belegt an:

> »Pister, der Kommandant des KL Buchenwald, besuchte die Fa. Krupp in Essen am 4. und 5. Juli 1944, um über den von der Fa. Krupp gemachten Antrag auf 2000 Konzentrationslagerhäftlinge zu verhandeln. Er teilte den Vertretern von Krupp mit, dass er ihnen 2000 weibliche Konzentrationslagerhäftlinge verschaffen könne … Die Fa. Krupp sollte der SS vier Mark pro Tag für diese Arbeitskräfte bezahlen … Zur Abmachung gehörte auch, dass die Fa. Krupp Namen von deutschen Frauen nennen sollte, die bei der SS eingeschworen wurden und im Frauenkonzentrationslager Ravensbrück drei Wochen lang trainiert werden sollten, um dann als Wachen für die Konzentrationslagerinsassen eingesetzt zu werden … Angestellte von Krupp gingen nach Gelsenberg und wählten von den 2000 Frauen 520 aus. Die 520 weiblichen Konzentrationslagerinsassen waren im Alter von 15 bis 25 Jah-

ren. Einige von ihnen waren Studentinnen. Sie waren jüdischen Glaubens und waren ihrer Religion wegen im Mai 1944 mit ihren Familien ausgesondert und aus ihrer Heimat in der Tschechoslowakei, in Rumänien und Ungarn gewaltsam herausgerissen worden. … In Auschwitz hatte man ihnen ihr ganzes Eigentum weggenommen, statt ihrer Kleider bekamen sie ein einziges sackartiges graues Gewand aus gröbstem Leinen und Holzpantinen, die oben Stoff hatten. Ihre Köpfe wurden teilweise rasiert. Viele ihrer Angehörigen wurden in Auschwitz vergast.«

Über die Unterbringung bei Krupp im Lager Humboldtstraße in Essen heißt es:

»Die Insassen schliefen auf wenig Stroh auf dem Fußboden. Die Waschgelegenheiten waren zerstört und wurden nicht ersetzt … Öfen konnten nicht benutzt werden. Zu Zeiten mussten die Insassen barfuß laufen, da viele von ihnen weder Strümpfe nach Fußlappen besaßen; Viele hatten erfrorene Füße und Frostbeulen … Um vier Uhr morgens wurden die Mädchen geweckt. Um 4.30 Uhr war Appell. Um sechs Uhr morgens (2½ km Anmarschweg zum Walzwerk) begann die Arbeit … Die weiblichen SS-Aufseher ohrfeigten und stießen die Mädchen, wenn sie langsam arbeiteten. Zur Strafe bekamen sie nichts zu essen … Die Aufseher von Krupp sorgten streng für Disziplin bei der Arbeit, und sie gaben den SS-Aufsehern Instruktionen bezüglich der Strafen. Dass die Mädchen misshandelt wurden, war in der Firma allgemein bekannt.« (Buchenwald. Mahnung und Verpflichtung, S. 271 ff.)

Mit dem Herannahen der Front wurden die Frauen im März 1945 von Buchenwald nach Osten deportiert. In einer Ansprache vom 16. April 2016 anlässlich der Pflanzung von Gedenkbäumen hob Irmgard Seidel in einer Würdigung der Frauen hervor:

»Die meisten Frauen ließen sich ihre Menschenwürde nicht nehmen.

Sie achteten darauf, sich trotz unzulänglichster Voraussetzungen, wie fehlendes warmes Wasser und Seife oder die Gelegenheit zu baden, möglichst sauber zu halten.

Sie sorgten dafür, dass sich vor allem traumatisierte junge Mädchen, die ihren Halt in der Familie verloren hatten, nicht in ihr Schicksal ergaben und die Hoffnung – als wichtiges Moment des Überlebens – nicht verloren.

In den Frauenbaracken wurden trotz bleierner Müdigkeit nach schwerster Arbeit Lieder aus der Heimat gesungen oder in den 40er Jahren aktuelle Couplets, an die sie sich erinnerten.

Die Frauen tauschten besonders zutatenreiche Kochrezepte mit viel Butter und Sahne aus, die sie nach der Befreiung ausprobieren wollten.

Sie schrieben Tagebücher, Gebete und Gedichte auf und zeichneten für Barackenwandzeitungen, die sie mit ›Lagerneuigkeiten‹ und satirische Texten gestalteten, um den Frauen wieder ein kleines bisschen Freude und Auftrieb zum Weiterleben zu geben.

Sie beteten für sich allein oder gemeinsam mit anderen und schirmten sich dabei gegenseitig vor eventuell auftauchenden Aufseherinnen ab.

Sie schenkten sich zu Geburts- oder Namenstagen – aus in der Fabrik gestohlenem Material – gefertigte Kleinigkeiten wie eine Brosche aus rotem Schießdraht oder einen bestickten Gürtel aus Matratzenstroh.

Mit besonderer Fürsorge und besonderem Mitgefühl kümmerten sie sich um diejenigen, die schwanger ins Lager gekommen waren, und um Kinder, die meist keine Chance hatten, das Lager zu überleben.«

## Vom Außenlager Dora zum KZ Mittelbau-Dora

Ein besonders schlimmes Außenkommando war das unterirdische Lager, das unter dem Namen »Dora« geführt wurde. In einem Gebirgsstollen im Harz bei Nordhausen sollten – unverwundbar durch gegnerische Bomben, die schon das entsprechende Lager in Peenemünde zerstört hatten – die »Wunderwaffen« des NS-Regimes gebaut werden, die Raketen

V1 und V2, mit denen England angegriffen wurde. Am 28. August 1943 trafen die ersten 107 Häftlinge in Nordhausen ein. Dem Terror der SS ausgesetzt, mussten die KZ-Häftlinge das Stollensystem im Kohnstein, das 1936 als Treibstoffdepot angelegt worden war, zu einer unterirdischen Raketenfabrik ausbauen.

Untergebracht waren die Häftlinge bis zum Sommer 1944 dort, wo sie arbeiten mussten – im Stollen. Tausende überlebten die grausamen Monate des Stollenausbaus im Herbst und Winter 1943/44 nicht. Das Außenlager Dora, was später zum selbstständigen KZ Mittelbau-Dora wurde, war der Inbegriff der faschistischen Politik der »Vernichtung durch Arbeit«.

Zwar gab es auch hier Strafaktionen der SS und der Gestapo gegen die Häftlinge, die mit Abstand meisten Toten dieses Lagers waren jedoch die Opfer der faschistischen Ausbeutung im Interesse der Rüstungsindustrie und Kriegsproduktion, wie sie in diesem Lager und später in der Vielzahl der Außenlager, die sich über den gesamten Harz erstreckten, praktiziert wurde. Selbst die Verbesserung der Lebensbedingungen der Häftlinge in den letzten Monaten der Existenz des Lagers, indem oberhalb der Stollen Baracken errichtet wurden, war allein der Steigerung der Arbeitsproduktivität geschuldet, wie es Albert Speer, Wernher von Braun und andere verantwortliche NS-Größen für dieses Lager geplant hatten. Mehrheitlich waren die Häftlinge ausländische Zwangsarbeiter, viele von ihnen aus Belgien und Frankreich, aber auch aus anderen okkupierten Ländern.

Im Oktober 1944 bekam das Lager unter dem Namen KZ Mittelbau-Dora einen selbstständigen Status und übernahm das bestehende Netz der Außenkommandos in die eigene Verwaltung. Während der 18 Monate, die das Lager existierte, waren etwa 60.000 Häftlinge aus 21 Nationen in Dora und den Außenkommandos registriert. 20.000 wurden umgebracht, insbesondere als Folge der inhumanen Arbeits- und Lebensbedingungen. Am 11. April 1945 erreichte die US-Armee das

Lager. Sie befreite nur noch wenige Häftlinge, die nicht auf Todesmarsch geschickt worden waren. Im April 1945 wurden noch über tausend Häftlinge von Dora bei Gardelegen in der Isenschnibber Feldscheune ermordet.

Häftlinge berichteten von den Haftbedingungen und vom Widerstand:

»Im August des Jahres 1943 wurden Transporte von mehreren tausend Häftlingen des KZ Buchenwald zum Aufbau des neuen Lagers Dora zusammengestellt. Das Lager Dora befand sich unweit von Nordhausen am Harz, und zwar bei der Bahnstation Niedersachsweffen. Dort war durch den Abbau von Ammoniak-Gestein im Laufe der Jahre ein Tunnel mit Querkammern entstanden, der ursprünglich für die Lagerung von Brennstoffen gedacht war. Es war nun die Aufgabe der dorthin verfrachteten Häftlinge, diesen Stollen bzw. die Querkammern zu Fabrikationsräumen auszubauen, die der Herstellung der V-Waffen (V1, V2) dienen sollten. Ein Häftlingslager zur Unterbringung dieser Häftlinge bestand zu diesem Zeitpunkt dort noch nicht. Die Häftlinge wurden demzufolge zum Arbeiten wie auch zum Schlafen in diesen Kammern untergebracht, wo sie auf nackten Steinen ohne Stroh, ohne Decken kampieren mussten. Bei den andauernden Sprengungen und weil der Laufstollen auf der Sohlenseite noch nicht ausgebaut war, konnten die entstandenen Gase nicht abziehen. Ent- oder Belüftungsanlagen waren überhaupt nicht vorhanden.

Die Arbeitszeit betrug 12 Stunden. Die Verpflegung bestand aus einem Stück Brot, etwa 20 g Margarine und einem Liter warmer Suppe, die aber nur alle zwei bis drei Tage verabreicht wurde. Durch diese mangelhafte Ernährung und dadurch, dass Wasser zum Trinken sowie zum Waschen überhaupt nicht vorhanden war, durch die menschenunwürdige Unterbringung und auch dadurch, dass die Häftlinge wochen- und monatelang nicht ans Tageslicht kamen, ferner durch die angesammelten giftigen Gase, die durch das Sprengen in unmittelbarer Nähe der Aufenthaltsstätten der Häftlinge entstanden, gingen täglich rund 200 Häftlinge elend zugrunde. Die Laufstollen und Querkammern waren übersät mit Leichen von Häftlingen, die dann später auf Loren oder Waggons verladen und nach Buchenwald zum Verbrennen geschafft wurden.

Die Behandlung der völlig entkräfteten Häftlinge während der 12stündigen Arbeitszeit von Seiten der SS war eine derart menschenunwürdige, dass es kaum zu beschreiben ist. Mit schweren Gummikabeln, Ochsenziemern, Schaufelstielen, Eisenstangen und dergleichen mehr wurden die Häftlinge erbarmungslos wegen der geringsten Vergehen auf der Stelle totgeschlagen. Vor Erschöpfung zusammengebrochene Häftlinge wurden geschlagen und dann zu dem Haufen der bereits verstorbenen Häftlinge geworfen. Dort starben sie dann innerhalb weniger Stunden einen jämmerlichen Tod. … Wegen angeblicher Sabotageakte oder wegen Fluchtversuchen aus dem Lager wurden fast täglich Häftlinge erhängt … Auch bei diesen Mordakten zeigte sich wieder, wie ›erfinderisch‹ die SS war. Im Laufstollen befand sich an der Decke eine Laufkatze, an die man zwei Balken befestigte und über diese Balken je 30 Stricke schlang, die dann diesen zum Tode verurteilten Häftlingen um den Hals gelegt wurden. Der Henker bestieg dann die Fahrbahne der Laufkatze, setzte diesen Kran in Gang, und so zog man alle 60 Häftlinge mit einem Mal hoch. Handelte es sich um eine größere Anzahl von Häftlingen, die erhängt werden sollten, und dauerte der SS dieses ›Vergnügen‹ etwas zu lange, so ließ man die kaum Hochgezogenen wieder herunter, schlug mit Schemeln und Eisenstangen auf die fast Entseelten ein, zog die Pistole und gab ihnen Genickschüsse …« (Prozeß IV, Dok 22Z2 – PS., aus: Buchenwald. Mahnung und Verpflichtung, S. 274 ff.)

Selbst unter solch extremen Bedingungen erlahmte der Widerstand nicht. Viele tapfere Antifaschisten verloren dabei ihr Leben, darunter der Führer des illegalen Lagerkomitees, der frühere

KPD-Landtagsabgeordnete Albert Kuntz*. Dr. Jan Cespiva** berichtete:

»Zu Beginn des Jahres 1944 wurde ich von der Widerstandsorganisation in dieses neue Außenkommando von Buchenwald geschickt, das den Decknamen Dora trug. … Ich will mich … vor allem mit der Tätigkeit der Organisation in Dora und mit ihrer Verbindung mit den Kameraden in Buchenwald befassen. Diese Verbindung war äußerst schwierig, denn da in Dora Geheimwaffen angefertigt wurden, galt jeder, der dahin geschickt wurde, bei den Nazis als ›Geheimnisträger‹, was für die Häftlinge bedeutete, dass sie die unterirdische Fabrik nicht lebend verlassen sollten.

Trotzdem verlor Buchenwald nicht die Verbindung mit uns. Das Internationale Lagerkomitee erhielt regelmäßig Berichte, die in den Wundverbänden toter Kameraden versteckt wurden, deren Leichen dreimal wöchentlich in das Krematorium nach Buchenwald zur Verbrennung übergeführt wurden. Diese Art Nachrichtenübermittlung wurde kurz vor unserem Abtransport nach Dora festgelegt. In Buchenwald erhielt der tschechische Kamerad Emil Hrsel die Nachrichten, der sie nach einem Schlüssel in dem Buch ›Grundriss der gesamten praktischen Medizin‹ dechiffrierte. In der internationalen Führung der Häftlinge in Dora, in der sämtliche antifaschistischen Gliederungen von acht Nationen vertreten waren, herrschte vorbildliche Solidarität. Die Leitung hatte Albert Kuntz, ein ehemaliger kommunistischer Landtagsabgeordneter und Mitglied des Zentralkomitees der Kommunistischen Partei Deutschlands.

Er leitete die konspirative Arbeit der Widerstandsorganisation gegen die geschulten Kräfte des Sicherheitsdienstes der SS und der Abwehr genau und hart. Die Zusammenkünfte der Leitung der illegalen Organisation durften nur kurz sein, einige Minu-

---

* 1896 – ermordet am 23.1.1945 in Dora.

** 1911-1967, Arzt, tschechischer Häftling, nach1945 in Prag.

ten; sie fanden im Warteraum beim Friseur, auf einem Bauplatz, in den unterirdischen Werkstätten statt. Niemals kamen wir alle gleichzeitig zusammen. ... Unsere Hauptaufgabe bestand natürlich in Sabotage. Elektroingenieure und Schwachstromtechniker wurden sofort erfasst, erhielten einen Arbeitsplatz bei der Montage der Steuervorrichtung am Ende der Torpedos und hatten die Anweisung, die Produktion mit allen Mitteln zu verlangsamen, z.B. nach der Kontrolle die Spannung in den Kreisen der Empfangsapparate zu verändern, die Leitung der Elektroquellen zu beschädigen usw. Andere Sabotagegruppen vernichteten rare feuerbeständige Düsen. Wenn Materialteile geliefert wurden, schickten sie diese ›irrtümlicherweise‹ an verschiedene Stellen, möglichst an solche, die oft Ziel der Angriffe der Verbündeten waren. ...

Hervorgehoben werden muss die mutige Arbeit des tschechischen Mechanikers Jan Chalaupka, der in ein Sterilisation-Gerät im Operationssaal den Rahmen eines Lorenz-Empfangsgeräts einbaute und im Juli 1944 sogar aus einem entwendeten Sendegerät ›Otto 111‹ einen Sender baute. Die Angehörigen der französischen Widerstandsbewegung, die über Frankreich abgesprungen waren und später nach Dora kamen, besaßen einen englischen Code-Schlüssel, der in Baudelaires ›Les fleurs du mal‹ (Die Blumen des Bösen) enthalten war. ... Obgleich der Konstrukteur von Braun selbst die Aufsicht über den Bau der Raketenwaffen führte, war nach deutschen Quellen ein großer Teil dieser heimtückischen Waffen entweder nicht abschussfähig oder havarierte zwischen den englischen Städten Suffolk und Hampshire. Die Mängel wurden durchweg durch Sabotage der Häftlinge an der Steuervorrichtung hervorgerufen.

Je erfolgreicher unsere Arbeit war, umso mehr wüteten die Nazi-Sicherheitsorgane der Gestapo und des Sicherheitsdienstes der SS. Im Juni und Juli 1944 ... begann eine Verhaftungswelle. ... Die stumpfsinnigen SS-Leute waren überzeugt, dass sie einem ausländischen Geheimdienst auf die Spur gekommen waren. Von ihnen konnte keiner begreifen, dass sie auf eine zielbewusste Häftlingsorganisation stießen, die sich selbst aus festem Entschluss und eigenem Willen zu einer so umfangreichen Sabotage und zum aktiven Widerstand gebildet hatte. ... Albert Kuntz wurde 14 Tage lang ununterbrochen gefoltert wie vielleicht niemand von uns. Vor Weihnachten 1944 traf ich ihn auf dem Gang des Bunkers und habe ihn kaum erkannt. Aber die Faschisten konnten ihn nicht brechen. Albert lehnte es hartnäckig ab, irgendwelche Protokolle zu unterschreiben. ... Ende Januar 1945 schlugen sie ihn zu Tode, und die SS-Leute verbrannten ihn selbst im Krematorium, aus dem sie die Häftlingsbedienung hinausgejagt hatten.« (Peter Hochmuth: Der illegale Widerstand der Häftlinge des KZ Mittelbau-Dora, S. 27 ff.)

Zu einem heroischen Beispiel von Häftlingswiderstand in Dora gehörte im März 1944 die Weigerung, sich an den Mordaktionen der SS zu beteiligten. Großen Eindruck in der Häftlingsgesellschaft machte es, als der Kommunist Georg Thomas*, Lagerältester I in Dora, auf den Befehl der SS, zwei nach einer Flucht ergriffene Häftlinge auf dem Appellplatz vor den Augen des angetretenen Lagers am Galgen aufzuknüpfen, laut und vernehmlich erklärte: »Ich verweigere diesen Befehl!« Sofort wurde Georg Thomas von den SS-Bewachern gefesselt und in den Bunker abgeführt. Auch der Lagerälteste II, der Kommunist Ludwig Szymczak**, weigerte sich, an dieser Mordaktion teilzunehmen. Erst ein langjährig inhaftierter krimineller Häftling war bereit, das Henkersamt zu verrichten. An Stelle von Thomas und Szymczak wurde er zum Lagerältesten ernannt. Die Befehlsverweigerung der kommunistischen Lagerältesten wurde jedoch zu einem Signal der Selbstbehauptung für ungezählte Häftlinge.

---

* 1907 – ermordet 4.4.1945 in Dora.

** In der Häftlingskartei von Dora wird sein Vorname mit Ludwik angegeben, 1902 – ermordet 4.4.1945 in Dora.

**Medizinische Experimente an Gefangenen – im Interesse der SS und der IG Farben**

Zu den abscheulichsten Verbrechen im Lager Buchenwald zählten medizinische Versuche an Häftlingen. In den Jahren 1939 bis 1945 experimentierten SS-Ärzte mit Impfstoffen und Therapeutika gegen epidemische Krankheiten, erprobten die Haltbarkeit von Blutkonserven und die Wirksamkeit verschiedener Gifte. In keinem anderen KZ wurde in solchem Umfang mit Fleckfieber experimentiert wie in Buchenwald. 1942 richtete man im Block 46 eine eigene Versuchsstation ein, die »Abteilung für Fleckfieber- und Virusforschung« unter dem SS-Arzt Dr. Erwin Ding-Schuler. 1943 begann im Block 50 eine eigene Impfstoffproduktion. Maßgebliche Mitinitiatoren und Nutznießer der Versuche waren die zur pharmazeutischen Abteilung des IG-Farben-Konzerns gehörenden Behringwerke AG Marburg/Lahn und die Hoechst AG in Frankfurt/M. Die Aussicht auf wachsende Profite und Heeresaufträge trieb sie dazu, die Stoffe an Häftlingen zu testen.

Hatte der IG-Farben-Konzern schon Anfang 1940 im Zusammenhang mit den Ruhr-Impfstoffen zum ersten Mal die Möglichkeiten der Menschenversuche im KZ Buchenwald ausgenutzt, wurden diese bereits 1941 fortgesetzt, obwohl eigentlich klar war, dass der wissenschaftliche Wert solcher Experimente aufgrund der Lebensbedingungen der Häftlinge mehr als zweifelhaft war.

Aus dem Tagebuch der »Abteilung für Fleckfieber- und Virusforschung« geht hervor, dass von August 1942 bis Oktober 1944 etwa 35 Versuchsreihen mit diversen Pharmazeutika an Häftlingen durchgeführt wurden. Unter den Auftraggebern sind vermerkt: SS, Behringwerke, Hoechst, Robert-Koch-Institut, Oberkommando des Heeres, Anhaltinische Serumwerke, Dr.-Madaus-Werke, Militärärztliche Akademie und Luftwaffe.

Die meisten dieser Versuchsreihen liefen mit jeweils 40 bis 60 Häftlingen unter Einschluss der »Kontrollgruppe«. Wenig ist bis heute darüber bekannt, wie viel an Qualen, Leid und Tod hinter diesen Zahlen steht, wie viele Versuchshäftlinge unter Spätfolgen litten oder als Mitwisser ermordet wurden. Eugen Kogon* sagte darüber als Zeuge im Nürnberger Kriegsverbrecherprozess aus:

> **»Fleckfieber- und Virus-Experimente**
> Im Laufe dieser Versuche wurden 75 % der ausgesuchten Anzahl der Insassen mit einer der vorher erwähnten Vaccinen injiziert oder mit einer der vorher erwähnten chemischen Substanzen genährt und nach Verlauf von drei bis vier Wochen mit Fleckfiebergift infiziert. Dann wurden die verbleibenden 25% – ohne vorhergehende Schutzmaßnahmen – infiziert, um die Resultate der Vaccine und der chemischen Substanzen zu vergleichen. Ungefähr 135 Insassen starben zwischen April 1943 und März 1945 an den Folgen dieser Versuche.
>
> **Versuche mit Gelbfieber, Pocken, Typhus, Paratyphus A und B, Cholera und Diphtherie**
> Diese Versuche wurden auch in Block 46 von Dr. Schuler durchgeführt. Sie wurden in derselben Art wie die Fleckfieber- und Virusexperimente durchgeführt, das heißt 75% erhielten Einspritzungen und wurden später infiziert, während die verbleibenden 25% nur infiziert wurden, um den Wert der verschiedenen Vaccine zu beurteilen. Infolge dieser verschiedenen Versuche starben ungefähr 12 Insassen während meiner Arbeitszeit unter Dr. Schuler.« (NO-281 Aussage Dr. Eugen Kogon vom 24.9.1946)

Über den »wissenschaftlichen Wert« solcher Versuche gestand der SS-Arzt Waldemar Hoven im Nürnberger Prozess ein:

---

* 1903-1987, katholischer Publizist, deutscher Häftling, Arztschreiber, nach 1945 Autor des Buches »Der SS-Staat«.

»Es dürfte allgemein und besonders in deutschen wissenschaftlichen Kreisen bekannt gewesen sein, dass die SS über nennenswerte Wissenschaftler nicht verfügte. Es ist offensichtlich, dass es sich bei den in den Konzentrationslagen mit IG-Präparaten durchgeführten Versuchen nur um das Interesse der IG handelte, die mit allen Mitteln bestrebt war, die Wirksamkeit ihrer Präparate feststellen zu lassen bzw. die – ich möchte sagen – Schmutzarbeit in Konzentrationslagen durch die SS machen zu lassen. Die IG war darauf bedacht, diese Tatsachen nach außen hin nicht in Erscheinung treten zu lassen, sondern die näheren Umstände ihrer Versuche zu verschleiern, um dann den Extrakt, d. h. den Gewinn daraus für sich zu ziehen. Nicht die SS, sondern die IG hatte die Initiative bei den Versuchen in den KZ.« (Buchenwald. Mahnung und Verpflichtung, S. 366 f.)

Wie in anderen KZ, führten die SS-Ärzte auch verbrecherische medizinische Experimente aus eigenem Antrieb an Häftlingen durch. Diese Liste ist lang. Eugen Kogon konnte über mehrere dieser Verbrechen im Nürnberger Prozess aussagen:

**»Versuche mit verschiedenartigen Giften**

Diese Versuche wurden auch von Dr. Schuler in Gegenwart des SS-Lagerleiters Schobert, SS-Sturmbannführer Dr. Konrad Morgen (in einem Fall) und SS-Hauptsturmführer Dr. Wehner geleitet.

Bei diesen Versuchen wurden verschiedene Gifte russischen Kriegsgefangenen in täuschender Art, zum Beispiel in Nudelsuppe, zugeführt. Die vorher erwähnten Personen standen hinter einem Vorhang, um die Wirkung des Genusses dieser giftigen Substanzen auf die Gefangenen zu beobachten.

Dr. Schuler und Arthur Gadczinski, erster Schreiber in Block 46, gaben mir eine genaue Beschreibung dieser Versuche. Solche Versuche wurden bei zwei verschiedenen Gelegenheiten durchgeführt. Im ersten Falle, der im Krematorium durchgeführt wurde, starben vier russische Gefangene sofort und im 2. Falle, der in Block 46 durchgeführt wurde, überlebten die russischen Gefangenen die Versuche, zu welchen sie verwendet waren, wurden aber sofort ins Krematorium gebracht und dort aufgehängt. Der Grund für die sofortige Hinrichtung dieser Gefangenen war, eine Autopsie an den Leichnamen gleich vornehmen zu können.

**Versuche mit Phosphor-Kautschuk –**
**Inhalt der Brandbomben der Alliierten**

Diese Versuche wurden an Insassen des Blocks 46 im eigenen Raum von Dr. Schuler in Block 50 vorgenommen. Der Zweck dieser Versuche war, Wunden der Insassen zu infizieren und dann verschiedene Substanzen aufzulegen, besonders eine der deutschen chemischen Firma Madaus Gesellschaft, um die Heilwirkung dieser verschiedenen Substanzen festzustellen. Infolge dieser Experimente wurden Insassen lebenslängliche Verwundungen zugefügt.« (NO-281, Aussage Dr. Eugen Kogon vom 24.9.1946)

Schon während der Zeit des Lagers wurden mögliche Zeugen der Versuche beseitigt. Selbst Überlebende der Fleckfieber-Impfstoff-Versuche wurden mittels Phenolspritze ins Herz ermordet. Bis heute ist die Zahl der Opfer dieser Medizinverbrechen nicht abschließend geklärt. Man kann aber davon ausgehen, dass es mehrere hundert Opfer allein im KZ Buchenwald gab.

# V.
# Überlebenskampf und Häftlingswiderstand

In allen Konzentrationslagern des NS-Regimes gab es von den politischen Gegnern, die wegen ihrer Ablehnung des Faschismus inhaftiert worden waren, Versuche, sich dem SS-Terror zu widersetzen und damit das Überleben in diesen Einrichtungen, in denen die SS Herr über Leben und Tod war, zu ermöglichen. Sie bildeten mit ihren Kameraden und vertrauensvollen Mithäftlingen konspirative Gruppen und versuchten, Einfluss auf die alltäglichen Lebensverhältnisse zu nehmen. Eine Besonderheit in diesem Rahmen stellte das KZ Buchenwald dar. Gelang es doch hier, vom Beginn an eine illegale Häftlingsorganisation aufzubauen, in die mit der Internationalisierung des Lagers auch ausländische Häftlingsgruppen eingebunden werden konnten.

Willy Schmidt, als politischer Häftling von 1937 bis 1945 in Buchenwald, betonte stets, wie wichtig es war, dass im KZ Lichtenburg eine bereits illegale Gruppe von Häftlingen bestand. Diese wurde geleitet vom genannten Albert Kuntz sowie von Theodor Neubauer* und Walter Stoecker**, alle drei Spitzenfunktionäre der KPD vor 1933. Mit der Überführung der Lichtenburg-Häftlinge nach Buchenwald kam eine funktionierende Widerstandsgruppe im Lager an, auf die man sich von Anfang an stützen konnte. Dieser Gruppe schlossen sich andere politische Gefangene an. So entstand eine illegale Organisation, aus der später das Internationale Lagerkomitee hervorging.

### Widerstand – Kampf um die Menschenwürde

Voraussetzung für Widerstand und den täglichen Überlebenskampf war eine kollektive Überzeugung, wie man sich als Häftling in diesem Lager zu verhalten habe. Wie erwähnt, reichte

---

* 1890 – hingerichtet am 5.2.1945 in Brandenburg-Görden.

** 1891 – starb am 10.3.1939 in Buchenwald an Typhus.

es nicht, sich allen Befehlen der SS zu beugen, um das eigene Überleben zu sichern – deren Terror kannte keine Schranken. Auch ordnete die SS oft kollektive Bestrafungen des Lagers durch Nahrungsentzug oder Langzeitappelle auf dem Appellplatz an, denen man sich nicht durch individuelles »Wohlverhalten« entziehen konnte. Selbst der Anbiederung an die SS, der Mitwirkung an ihren Quälereien und Mordtaten waren Grenzen gesetzt. Sollte der entsprechende SS-Mann kein Interesse mehr daran haben oder gar wegen Unterschlagung selber angezählt sein, wurde sämtliche Verantwortung auf den Häftling abgewälzt, der dafür bestraft wurde.

Zur Spaltung der Häftlingsgesellschaft verteilte die SS »Privilegien«. So durfte der Blockälteste aus dem Suppenkessel, der in den Block geschleppt wurde, so viel nehmen, wie er wollte, bevor es ans Verteilen ging. Und er konnte sogar befreundeten Häftlingen – bzw. solchen, die ihm irgendwelche Dienste leisteten – ebenfalls größere Portionen auf Kosten der Gesamtheit zuteilen. Wie weit das ging, berichtete Friedrich Männchen* aus der Aufbauzeit, als vor allem BVer die Lagerfunktionen innehatten:

> »Die Banditen bestahlen ihre Kameraden, wo sie nur konnten, die Portionen wurden nur teilweise ausgeteilt, das meiste wanderte in die Taschen der Stubendienste. ... Die BVer und ihre Freunde waren durch Korruptionsbande eng mit der SS verfilzt. Erst als diese engen Beziehungen zwischen SS und Häftlingen dahin führten, dass die meisten korrumpierten SS-Leute gegenüber den Häftlingen nicht mehr richtig aufzutreten wagen konnten, zog die SS-Führung die Konsequenzen und änderte die Häftlingslagerleitung, indem sie die BVer durch Politische ersetzte. Damit hörten die Korruptionsverbindungen zwischen SS und Häftlingsfunktionären wenigstens teilweise auf, zugleich wurde auch die innere Lagerführung sauberer und gerechter.« (Buchenwald-Report, Bericht 23, S. 176 f.)

---

* 1901-1960, Kommunist, deutscher Häftling, nach 1945 in Sachsen tätig.

Ein Überleben für Häftlinge war nicht durch individuelle Strategie oder in Konkurrenz zu den Mithäftlingen möglich, sondern nur bei bewusstem solidarischem Umgang miteinander. Willy Schmidt sprach oft von einem Häftlingskodex, auf den sich – nicht nur die politischen Häftlinge – verständigt hatten:

> Ihr dürft Euch nicht aufgeben und sollt mit den Kameraden um Euer Leben kämpfen!
>
> Ihr sollt keine Unterschiede zwischen Kameraden machen und allen Kameraden helfen!
>
> Ihr sollt wachsam sein gegen Denunzianten, gegen Kameradendiebstahl und vorbildlich sein in der Disziplin!
>
> Gegen die Feinde (und das waren die SS und deren Zuträger) aber sollt Ihr mit allen tauglichen Mitteln vorgehen, aktiv mit den besten Kameraden und nicht auf andere warten!

Solche Prinzipien konnten zwar nicht die allgemeinen Lagerbedingungen verändern. Es blieben Hunger, Kälte, die unmenschlichen Arbeitslasten, die Zellwollkleidung, die monatelang auch über Nacht nicht trocken wurde; grobe Holzpantinen, die die Füße aufrieben, Pritschen, auf denen zwei oder auch drei Menschen zusammengepfercht wurden – und das alles unter der Drohung der SS, dass es nur ein Ende geben könne: im Krematorium. Ungezählte Menschen wurden dadurch seelisch zerbrochen, noch bevor ihr Leben durch SS-Terror endete. Ein solcher Kodex konnte aber eine moralische Stütze sein, die eigene Würde, Hoffnung und Zuversicht auf eine Besserung nicht zu verlieren. Es ging um Selbstbehauptung.

Im Lied der Moorsoldaten heißt es in der Schlussstrophe: »Ewig kann's nicht Winter sein / einmal werden froh wir sagen / Heimat, Du bist wieder mein!« Dieses Gefühl der Hoffnung auf Überleben sowie die Stärkung von Mitmenschlichkeit und Solidarität unter den Häftlingen war eine der wichtigen Voraussetzungen für den Widerstand, wie er im KZ Buchenwald möglich wurde.

**Wie war Widerstand möglich?**

Den Willen zur Selbstbehauptung und zur Solidarität brachten diejenigen mit, die mit einer klaren Überzeugung dem Faschismus schon außerhalb des Stacheldrahts entgegengetreten waren: Kommunisten, Sozialdemokraten, engagierte Christen, Kriegsgefangene und Partisanen aus den überfallenen europäischen Ländern. Auch sie bildeten zunächst lose Gruppen, später feste Zusammenschlüsse, aus denen das illegale Lagerkomitee entstand.

Zunächst galt es, vor allem diejenigen BVer auszuschalten, die sich als Werkzeuge der SS missbrauchen ließen. Dabei kamen den politischen Häftlingen ihre Qualifikation und ihre Solidarität zu Hilfe. In Buchenwald arbeiteten vielerlei Werkstätten für die SS und das Funktionieren des Lagers selber. Als Facharbeiter aber konnte die SS nicht Kriminelle, Totschläger und Zuhälter einsetzen; sie brauchte Schlosser, Dreher, Elektriker. Und die waren nun einmal vor allem unter den »Politischen« zu finden. Von diesen Positionen aus konnte der Einfluss ausgedehnt werden, indem zum Beispiel für den zuständigen SS-Mann mit gestohlenem Material Privatgegenstände angefertigt wurden; oder auch, indem man ihn vorsichtig darauf aufmerksam machte, dass einer der »grünen« Blockältesten oder Kapos einen Facharbeiter so geschlagen habe, dass dieser ganz oder teilweise arbeitsunfähig wurde: das grenze doch schon an Sabotage.

Der enge Zusammenhalt der Politischen ermöglichte ihnen immer größeren Einfluss im Lager. Man stützte sich gegenseitig, zog andere nach, wenn man eine Position eingenommen hatte. Dabei gab es auch tödliche Gefahr. Jene Schläger, die ihre Positionen gefährdet sahen oder Privilegien von der SS erhalten wollten, betätigten sich als Denunzianten und Provokateure gegen bekannte politische Häftlinge; leider oft mit Erfolg. Es dauerte einige Monate, bis es den ersten Trägern des roten Winkels gelang, in Funktionsstellen eingesetzt zu werden.

Das entscheidende Motiv der Kämpfe um die Kapo-Funktionen war ganz sicherlich nicht, an die »Futterkrippen« zu kommen. Es war die Ambivalenz solcher Funktionen, die sie so wichtig für das Leben und Überleben im Lager machten. Die Rolle eines Funktionshäftlings brachte Möglichkeiten, die auf unterschiedliche Weise wahrgenommen werden konnten. Neben der Umsetzung der SS-Befehle boten sie Möglichkeiten zur Hilfe für Mithäftlinge. Niemand schrieb den Funktionshäftlingen vor, wie sie die Anforderungen der SS umsetzten, ob durch Schläge und Drangsalierung oder durch solidarisches Miteinander. Blockälteste konnten dafür sorgen, dass es allen besser ging, indem sie die Einhaltung der Regeln der SS penibel beachteten, oder sie konnten bei Verstößen die einzelnen Häftlinge selber misshandeln.

Funktionsstellen bedeuteten nicht allein eine Verbesserung der Haftbedingungen, sondern auch einen direkten Kontakt zur SS und damit zu Informationen und möglichen anderen Ressourcen, die überlebenswichtig waren. Wenn es dem Kapo gelang, den zuständigen SS-Mann zu überzeugen, dass die Arbeit mit besserem Werkzeug deutlich schneller erledigt würde, konnte es passieren, dass die Häftlinge tatsächlich dieses Werkzeug bekamen, was zumeist eine reale Erleichterung der Arbeit bedeutete.

Kapos konnten nicht die Arbeitsnorm verändern, jedoch dafür sorgen, dass die Häftlinge weniger Quälereien ausgesetzt waren. Sie konnten Arbeitskräfte anfordern und so gefährdete Häftlinge aus anderen Kommandos retten. Gerade die ausländischen Häftlinge erkannten im besonderen Maße an, welch große Arbeit deutsche »rote Kapos« leisteten, um ihnen das Überleben in diesem Lager zu ermöglichen. Überlebende berichteten, dass es manchmal notwendig war, Funktionshäftlinge, die ihre Rolle zur Drangsalierung von Mithäftlingen missbrauchten, oder Spitzel, die der SS zuarbeiteten, auszuschalten.

Im Oktober 1941 setzte die SS überraschend den kommunistischen Lagerältesten ab und tötete zahlreiche »rote Kapos«, wie den des Krankenbaus, Walter Krämer*. An deren Stelle setzte sie wieder BVer ein. In einem mühevollen, aber letztlich erfolgreichen Kampf, bei dem auch ein SS-interner Streit von den politischen Häftlingen ausgenutzt wurde, konnten die »Roten« ab Herbst 1942 die wichtigsten Häftlingsfunktionen wieder besetzen. Dabei kam ihnen zu Hilfe, dass der vorherige Lagerkommandant Koch wegen Korruption abgesetzt worden war. Der neue Kommandant Pister war bestrebt, den »Sumpf der Korruption«, der natürlich auch die SS und ihre »grünen« Gefolgsleute erfasst hatte, zu beseitigen. Da sich die »roten Kapos« in dieser Hinsicht nichts hatten zu Schulden kommen lassen, war Pister bereit, sie wieder in Funktionsstellen aufzunehmen. Die »roten Kapos« bemühten sich anschließend wieder um die Verbesserung der Überlebenschancen aller Häftlinge. Gegen den Terror der SS selber waren sie machtlos, sie konnten jedoch im Rahmen ihrer Möglichkeiten Hilfe leisten, besonders bedrohte Häftlinge schützen und Gegenaktionen organisieren. Dies alles war Teil des Widerstands.

Für diesen spielte die Schreibstube, in der alle Aufgaben der inneren Verwaltung des Lagers von Häftlingen erledigt werden mussten, eine zentrale Rolle. Sie führte die Personalkarte, regelte die Einweisung in die Unterkünfte, die Vorbereitung und Durchführung der Zählappelle und die Verpflegungsmeldung an die Lagerküche bzw. das Lebensmittelmagazin. Hier wurden die Listen der täglichen Neuzugänge und abgehenden Transporte, der Toten und Entlassenen geführt. Bedeutend für den Widerstand war auch die Verbindung zur Arbeitsstatistik, wodurch die Überstellung gefährdeter Häftlinge in andere Arbeitskommandos möglich wurde. Auch der Rettungswiderstand,

---

* 1892 – ermordet am 6.11.1941 im Außenlager Goslar, Schlosser, KPD-Abgeordneter im Preußischen Landtag.

bei dem Häftlinge die Identität von Verstorbenen annehmen konnten, wie bei dem spanischen Résistance-Kämpfer Jorge Semprún, war nur mit Hilfe der Schreibstube möglich. Bis zuletzt waren hier solidarische Maßnahmen zur Rettung von Gefährdeten möglich.

**Sabotage in der NS-Rüstungsproduktion**

Wenn unter den Bedingungen der mörderischen Ausbeutung und des Terrors Antifaschisten vieler Nationen Methoden zur Störung der Rüstungsproduktion im Gustloff-Werk I Weimar, im Gustloff-Werk II Buchenwald, im Mi-Bau (Mitteldeutsche Baugemeinschaft) im Außenkommando Dora entwickelten, war das sowohl Ausdruck der Kampfbereitschaft und des Lebenswillens als auch unmittelbarer Beitrag zur Beendigung des Krieges und zum Sturz des Faschismus. Die Widerstandshandlungen hatten eine moralische und zugleich eine materielle Seite.

Von Anfang an war es das Bestreben der politischen Häftlinge, die als Kapos, Vorarbeiter, Ingenieure und Spezialisten eingesetzt worden waren, die Sabotagearbeit systematisch zu steuern. Einzelaktionen, die leicht aufgedeckt werden konnten, waren gefährlich. Jedes beschädigte Gewehr, jedes defekte Fahrzeug verkürzte den Krieg. Dieser Widerstand war mit hohen Risiken verbunden. Auf Sabotage stand als Strafe »Tod durch Erhängen«.

Außer dem Beschädigen von Waffen und Kriegsgeräten führte das bewusst langsame Arbeiten zu beachtlichen Erfolgen. Hier wurde die von sowjetischen Häftlingen entwickelte Losung »Kommando X – Rabota nix« zum geflügelten Spruch, der sich schnell im gesamten Lager verbreitete und zum Inbegriff des langsamen Arbeitens wurde.

Ein Beispiel: In den Mittelbauhallen der Gustloff-Werke II produzierte ein Zivilarbeiter in einer 10-Stunden-Schicht 720 Spulen, während die Häftlinge in elfstündiger Arbeitszeit nur eine Leistung von 300 bis 400 Spulen erreichten. Wurden von einem Zivilarbeiter in einer neuneinhalbstündigen Schicht 20 bis 30 Spulen gewickelt und gelötet, lag das Ergebnis der Häftlingsarbeit in elf Stunden bei 8 bis 16 Stück.

Zur Störung der Rüstungsproduktion gehörte auch die Beschädigung von Maschinen, Werkzeugen und Anlagen, die für die Waffenherstellung notwendig waren. Damit das nicht als Sabotage erkennbar war, war Facharbeiterwissen und Ideenreichtum notwendig. Wichtige Maschinenteile etwa waren längere Zeit nicht auffindbar; einwandfreie Waffenteile wanderten in den Ausschuss; für die Bearbeitung von Gewehrläufen wurden fünfmal so viel Bohrer gebraucht, wie allgemein üblich.

In den letzten Kriegsjahren betrug die Produktivität der meisten Werkstätten nie mehr als 40 Prozent. Durch falsche Materialausgabe, Nichtberücksichtigung von Zeichnungsänderungen, Terminfälschungen usw. konnten Häftlinge in einem Falle einen Rückstand von 2.000 Aufträgen mit etwa 155.000 Arbeitsstunden erreichen. In anderen Abteilungen gab es Produktionsstörungen. Von dem automatischen Karabiner G-43 sollten monatlich 55.000 Stück geliefert werden. Im März 1944 wurden jedoch nur 3.000, im April 6.000, im Mai 9.000 und im Juni 1944 ganze 600 Stück geliefert. Ende Juli war die Produktion praktisch bedeutungslos. Die Verantwortlichen für solche Sabotage konnten nicht gefasst werden.

## Die Rettung der Kinder

Verbrechen an Kindern und Jugendlichen sind eines der furchtbarsten Kapitel des NS-Terrors. Allein in Polen fielen den Faschisten 1,8 Millionen Kinder bis zu 16 Jahren zum Opfer. Unter den rund 6 Millionen ermordeten Jüdinnen und Juden aus Deutschland und den okkupierten Ländern Europas befanden sich 1,2 Millionen Kinder. Durch die Einsatzgruppen der SS wurden in der UdSSR mindestens 2 Millionen Sowjetbürger umgebracht. Unter ihnen zahlreiche Kinder und Jugendliche.

In Konzentrationslagern, Jugendlagern, Haftanstalten, Gestapo-Höllen wurden Kinder auf alle erdenkliche Weise ermordet. Sie verhungerten, kamen bei medizinischen Versuchen um, starben an Seuchen oder verendeten durch völlige Auszehrung als Folge schwerer körperlicher Arbeit. Unter den 11 Millionen Toten in KZ, Haftanstalten und anderen Lagern dürften nach Schätzungen rund 2 Millionen Jugendliche und Kinder gewesen sein.

Mit den Transporten aus vielen Ländern Europas kamen immer wieder Jugendliche und Kinder nach Buchenwald. Oft waren es Transporte aus anderen Lagern wie Auschwitz, Groß-Rosen oder Natzweiler, wo bereits durch Selektion die Arbeitsunfähigen – und dazu zählten auch Kinder – von den Arbeitsfähigen getrennt wurden. Trotzdem gelangten noch Kinder nach Buchenwald, was die Rettung vor der Gaskammer bedeutete, wenn sie nicht wieder auf Transport geschickt wurden. Häftlinge vom Lagerschutz und Häftlingssanitäter versuchten unter Lebensgefahr, Jugendliche vor solchen Transporten in ein Vernichtungslager zu retten, indem sie sie mit den anderen Häftlingen das Lagertor passieren ließen, wenn es die Situation zuließ. Im Lager standen die Mithäftlinge vor der Herausforderung, die Kinder und Jugendlichen in den Lageralltag zu integrieren, damit sie nicht als – in den Augen der SS – »unnütze Fresser« in ein Vernichtungslager deportiert wurden.

Die Arbeitskraft der Häftlinge wurde für die faschistische Kriegsproduktion immer wichtiger. Dies nutzten die politischen Häftlinge geschickt aus. Sie schlugen dem Bauführer der SS vor, aus dem Reservoir der jüdischen und polnischen Häftlinge, die bisher von qualifizierten Arbeiten ausgeschlossen waren, mittels eines Maurerlehrkursus Fachkräfte heranzubilden. Robert Siewert, Kapo des Baukommandos 1, trug diesen Plan der SS vor. Daraufhin wurde er mit der praktischen Ausbildung beauftragt. Die ersten »Lehrlinge« waren polnische Jugendliche im »Kommando Polenschule«, die in den Wintermonaten 1940/41 in ihren Unterkünften ausgebildet wurden. Später wurde die SS davon überzeugt, dass die Fachkräfte nur dann gute Arbeit leisten könnten, wenn sie die Arbeitsanweisungen exakt verstanden. Unter dem Vorwand, Sprachschwierigkeiten zu überwinden, die dem Anlernen und zukünftigen Arbeitseinsatz der polnischen Jungen hinderlich wären, erteilte die SS-Schutzhaftlagerführung die Zustimmung, Deutschunterricht zu organisieren. Dies sollte der »Germanisierung lebensfähiger Elemente« dienen. Außerdem gelang es manchmal in Abstimmung mit Häftlingsschreibstube, Arbeitsstatistik und dem jeweiligen Blockältesten, das Alter gefährdeter Jungen auf den Personalkarten heraufzusetzen, um sie statistisch als Arbeitsfähige zu erfassen. Drohten Transporte nach Auschwitz, wurden einzelne Kinder in den Häftlingskrankenbau gelegt und durch eine harmlose, aber fieberbringende Injektion transportunfähig gemacht. Anschließend wurden sie als Infizierte behandelt und konnten von der Transportliste genommen werden.

Eine wichtige Errungenschaft der Widerstandsorganisation im Kampf um das Leben der Kinder war die Einrichtung des Kinderblocks 8 im Sommer 1943. Der Lagerälteste Erich Reschke* überzeugte die SS-Schutzhaftlagerführung davon, einen Teil der Jungen unter Aufsicht in einer Baracke zusammenzulegen und sie »deutsche Ordnung und Disziplin« zu lehren. Hierfür bot sich die ehemalige Isolierbaracke 8 an, die von einem Stacheldrahtzaun umgeben war. Blockältester wurde zuerst der österreichische Kommunist Franz Leitner**. Als dieser Ende 1944 verhaftet wurde, übernahm Wilhelm Hammann***, diese Aufgabe. Mit viel Geduld gewann er das Vertrauen der Jungen.

---

* 1902-1980, Kommunist, deutscher Häftling, nach 1945 Thüringer Polizeipräsident und Major der Deutschen Volkspolizei.

** 1918-2005, Kommunist, österreichischer Häftling, nach 1945 Abgeordneter der KPÖ und aktiv im österreichischen KZ-Verband.

*** 1897-1955, Lehrer, KPD-Landtagsabgeordneter, deutscher Häftling, nach 1945 Landrat im Kreis Groß-Gerau.

Im Januar 1945 wurde im Bereich des Kleinen Lagers in der Baracke 66 ebenfalls ein Kinderblock eingerichtet. Für Hunderte Jugendliche und Kinder war es ein Schutzraum vor willkürlicher Gewalt der SS in dieser »Vorhölle des Todes«, wie Robert Büchler*, Häftling in diesem Block, später oftmals betonte.

Das wohl bekannteste Beispiel ist die Rettung des »Buchenwald-Kindes« Stefan Jerzy Zweig, dem Bruno Apitz mit seinem Roman »Nackt unter Wölfen« ein literarisches Denkmal setzte. Geboren am 28. Januar 1941 in Krakau lebte er in den ersten drei Jahren mit der Familie im Ghetto. Während das Leben von Stefans Mutter und Schwester in den Gaskammern von Auschwitz endete, wurde sein Vater zur Zwangsarbeit ins Reich verschleppt. In einem Rucksack versteckt, kam Stefan mit seinem Vater Anfang August 1944 nach Buchenwald, wo sich der illegale Lagerwiderstand um ihn kümmerte, namentlich Willi Bleicher, Kapo der Effektenkammer, und Robert Siewert. Von der SS im Lager nur als lästiges Übel, als »unnützer Esser« angesehen, wäre das Kind ohne die Solidarität der Häftlinge nach Auschwitz geschickt worden. Tatsächlich befand sich auf der Liste des Todestransports nach Auschwitz, der am 25. September 1944 Buchenwald verließ, unter den 200 Namen zunächst auch seiner, der dann durch den Namen des 16-jährigen Sinto Willy Blum ersetzt wurde. Annette Leo hat mit der Recherche in dem Buch »Das Kind auf der Liste«, insbesondere Willy ein Denkmal gesetzt.

Stefan wurde durch die politischen Häftlinge Willi Pippig** und Willi Bleicher zuerst in der Effektenkammer geschützt, später im Keller der Desinfektion versteckt. In den letzten Monaten brachten ihn die Kameraden der illegalen Widerstands-

---

* 1929-2008, geboren in der Westslowakei, KZ Auschwitz, dann Buchenwald, nach 1945 nach Israel, Historiker und Mitglied im Internationalen Komitee Buchenwald-Dora.

** 1901-1988, deutscher Häftling in der Effektenkammer.

organisation im Kleinen Lager unter. Zacharias Zweig und sein Sohn erlebten die Selbstbefreiung des Lagers am 11. April 1945. Nachdem der Junge wegen Tuberkulose zunächst in der Schweiz behandelt werden musste, ging er mit seinem Vater nach Israel, seinen Lebensabend verbrachte er in Österreich.

**Kunst als Überlebensmittel**

Im KZ Buchenwald waren zahlreiche Künstler der Weimarer Zeit und aus den okkupierten Ländern inhaftiert. Musiker und Komponisten, Schriftsteller, Maler und Bildhauer fanden sich unter den Häftlingen, und sie versuchten das zu tun, was sie immer getan hatten, sie musizierten, malten, modellierten und schrieben, einfach um bei sich zu bleiben, um zu überleben. So entstanden im Lager zahlreiche Werke, die in sehr unterschiedlicher Weise Zeugnis vom Leben und Hoffen der Häftlinge ablegen. Zuerst konnte künstlerische Betätigung nur unter strengster Konspiration stattfinden. Doch als es in den Augen der SS von Nutzen war, wurde solche Tätigkeit zugelassen. Die SS richtete bis Ende 1942 sogar eine spezielle »Künstlerwerkstätte« ein, um Gebrauchs- und Ziergegenstände für »die Lieben daheim« herstellen zu lassen. Die SS ließ sich in dieser Werkstatt ihre Wohnungs- und Hauseinrichtungen mit Kronleuchtern, Kerzenhaltern, Kaminplatten, Schreibtischgarnituren etc. produzieren. Was der SS diente, brachte den hier beschäftigten Häftlingen bessere Möglichkeiten, den KZ-Alltag zu überleben.

Künstlerische »Auftragsarbeit« gab es nicht nur im Bereich der bildenden Kunst und im Handwerk, sondern auch in der Musik. Ende 1938 forderte der damalige Lagerführer Rödl Häftlinge auf, ein entsprechendes Lied einzureichen. Die meisten Vorschläge entsprachen nicht den Vorstellungen der SS. Ein BVer, Kapo in der Poststelle, reichte einen Vorschlag ein, der jedoch nicht von ihm stammte. Zwei österreichische Häftlinge, die sich als Juden nicht an diesem Wettbewerb beteiligen durften, hatten es geschrieben. Der Text stammte von Fritz Löhner-Beda*, dem Librettisten Franz Lehars, die Musik von Hermann Leopoldi**, einem Wiener Kabarettsänger. Zwar war es eine »Auftragsarbeit« der SS, dennoch war das Buchenwald-Lied als Hymne der Häftlinge ein Ausdruck von Lebenswillen und Mut.

**Das Buchenwaldlied**
Wenn der Tag erwacht, eh' die Sonne lacht,
die Kolonnen ziehn zu des Tages Mühn
hinein in den grauenden Morgen.
Und der Wald ist schwarz und der Himmel rot,
und wir tragen im Brotsack ein Stückchen Brot
und im Herzen, im Herzen die Sorgen.

O Buchenwald, ich kann dich nicht vergessen,
weil du mein Schicksal bist.
Wer dich verließ, der kann es erst ermessen,
wie wundervoll die Freiheit ist!

O Buchenwald, wir jammern nicht und klagen,
und was auch unser Schicksal sei,
wir wollen trotzdem ja zum Leben sagen,
denn einmal kommt der Tag, dann sind wir frei!
Wir wollen ja zum Leben sagen,
denn einmal kommt der Tag: dann sind wir frei!
O Buchenwald, ich kann (…)

Und das Blut ist heiß und das Mädel fern,
und der Wind singt leis, und ich hab' sie so gern,
wenn treu sie, ja, treu sie nur bliebe!

---

* 1883 – ermordet am 4.12.1942 in Auschwitz-Monowitz, Musiker, österreichischer jüdischer Häftling.

** 1888-1959, Musiker, österreichischer jüdischer Häftling.

Und die Steine sind hart, aber fest unser Tritt,
und wir tragen die Picken und Spaten mit,
und im Herzen, im Herzen die Liebe.

O Buchenwald, ich kann (...)

Und die Nacht ist kurz und der Tag so lang,
doch ein Lied erklingt, das die Heimat sang:
wir lassen den Mut uns nicht rauben!
Halte Schritt, Kamerad, und verlier nicht den Mut,
denn wir tragen den Willen zum Leben im Blut
und im Herzen, im Herzen den Glauben.

O Buchenwald, ich kann (...)

Bildhauerei und Holzschnitzerei waren im Lager ebenso verbreitet wie Malerei und Grafik. Einer der bekanntesten Bildhauer im Lager wurde Bruno Apitz. Von November 1937 bis April 1945 war er als »politisch Rückfälliger« in Buchenwald inhaftiert. Ohne künstlerische Vorkenntnisse wurde er im Mai 1938 in das Arbeitskommando Bildhauerei gesteckt. Hier entstand der Wegweiser für den Carachoweg zum Lager. Von Bruno Apitz stammt auch die Holzplastik »Das letzte Gesicht«. Das Holz stammte aus der Goethe-Eiche auf dem Ettersberg. Dieser Baum, unter dem Goethe mit Eckermann gesessen haben soll, stand mitten auf dem KZ-Gelände. Während alle anderen Bäume gerodet wurden, wurde dieser Baum eingezäunt im Lager belassen. Beim Bombardement im August 1944 wurde der Baum schwer beschädigt und daraufhin gefällt. Bruno Apitz stahl sich einen Kloben Holz, schaffte ihn in die Pathologie und schuf dort diese Plastik. Er selber bezeichnete diese künstlerische Betätigung als eine Selbstbefreiung des Menschen, als eine »Bejahung des eigenen Menschtums«.

**Das illegale Internationale Lagerkomitee (ILK) – Träger des Widerstandes**

Die deutschen politischen Häftlinge betrachteten sich zumeist nicht als »Opfer«, sondern als Kämpfer. Sie setzten ihren Kampf gegen den Faschismus unter Lagerbedingungen fort, den sie schon in der Weimarer Republik und nach 1933 in der Illegalität geführt hatten.

Mit der Dreier-Gruppe als kleinste konspirative Einheit wurde eine Organisation, ähnlich wie außerhalb des Stacheldrahts, aufgebaut. Jeweils nur einer aus der Gruppe kannte den Verbindungsmann zur nächsten Einheit. Die Gefangenen aus derselben Region arbeiteten dann wieder nach Bezirken (Sachsen, Hessen, Berlin etc.) zusammen. Schon dieser Zusammenhalt hatte große moralische Bedeutung an einem Ort, wo jeder menschliche Wille, jede Selbstachtung gebrochen werden sollten.

Man half sich gegenseitig: der Kamerad in der Arbeitsstatistik bemühte sich, für den Neueingelieferten ein nicht allzu schlechtes Arbeitskommando zu beschaffen; jener im Revier pflegte den Kranken oder Verwundeten, ja, im Revier wurden – natürlich hinter dem Rücken des SS-Arztes – besonders Gefährdete mit Verstorbenen vertauscht, um ihnen das Leben zu retten. Die Kameraden, die in der SS-Kantine, im Lebensmittelmagazin beschäftigt waren, stahlen unter Todesgefahr Esswaren, die dann verteilt wurden. Am dringlichsten geboten war diese Solidarität gegenüber den polnischen, sowjetischen und den jüdischen Häftlingen, die von der SS besonders schlecht behandelt wurden.

Über das Elektriker-Kommando wurde ein geheimer Radio-Abhördienst organisiert, der die Meldungen von *Radio London* und *Radio Moskau* beschaffte, die dann von Mund zu Mund weitergegeben wurden – eine unschätzbare Leistung, um die Moral zu stärken und die politische Haltung zu stärken.

Die Internationalisierung des Lagers brachte neue Herausforderungen. Mit den Österreichern, die ab 1938 kamen, konnte man sich leicht verständigen. Schwerer war es schon, als die Tschechen kamen; aber viele sprachen deutsch und es gab Kontakte aus den ersten Jahren der Emigration. Dann aber kamen Polen, Franzosen, Niederländer, Belgier – sie alle sahen in den deutschen Lagerfunktionären zunächst Helfershelfer der SS. Es war nicht leicht, diese Vorurteile zu entkräften, wussten die Deutschen doch nicht, mit wem sie ohne Gefahr offen sprechen konnten.

Außerdem waren die nichtdeutschen Häftlingsgruppen ebenso wenig einheitlich wie die deutschen: bei den Franzosen gab es Gaullisten, Kommunisten, Radikalsozialisten; bei den Polen Sozialisten, Kommunisten, katholische Aktivisten, ja, selbst reaktionäre Nationalisten. Dennoch gelang es – unter Hilfestellung der deutschen Antifaschisten – verschiedenen Nationalitäten eigene überparteiliche Organisation aufzubauen. Im Sommer 1943 konnte in einem abgeschirmten Raum des Häftlingsreviers ein Internationales Lagerkomitee (ILK) gegründet werden. Aus konspirativen Gründen wurde es in einen romanischen Sektor (Frankreich, Belgien, Italien, Spanien) und einen slawisch-deutschen (Deutschland, Österreich, Niederlande, ČSR, UdSSR, Polen, Jugoslawien) gegliedert. Lose Kontakte wurden mit den wenigen Kameraden aus Bulgarien, Rumänien, England, Dänemark, Norwegen und der Schweiz geknüpft. Zeitzeugenberichte nennen als Ziele des Internationalen Lagerkomitees:

1. Mit allen zur Verfügung stehenden Mitteln das Leben der Antifaschisten zu erhalten.
2. Die bewussten antifaschistischen Kämpfer zusammenzuschließen.
3. Alle Kräfte, alle einzelnen Organisationen auf das Kampfziel auszurichten.
4. Systematisch und planmäßig die Kriegsproduktion zu stören.
5. Die bewaffnete Auseinandersetzung mit der SS vorzubereiten.

Um das ILK schlossen sich alle zusammen, die bereit waren, selbst auf die Gefahr des Todes, den Faschismus mit allen Mitteln zu bekämpfen; die gewillt waren, gegenseitige Unterstützung und organisierten Kampf gegen die SS und deren Helfer zu leisten.

**Die illegale Internationale Militärorganisation (IMO)**

Eine Besonderheit des Widerstands in Buchenwald war der Aufbau eines militärischen Apparats. Schon im Sommer 1942 beschloss die illegale Leitung der KPD die Bildung einer Militärorganisation, obwohl die militärische Lage außerhalb des Lagers zu dem Zeitpunkt keinen Grund zum Optimismus bot.

Dazu konnten nur zuverlässige, militärisch erfahrene Kameraden eingesetzt werden, ehemalige Soldaten, Kämpfer der Internationalen Brigaden in Spanien, Mitglieder des »Roten Frontkämpferbundes« und Jungkommunisten, die erst in Buchenwald heimlich militärisch ausgebildet wurden. Zum Leiter der deutschen Militärsektion wurde der hessische Kommunist Otto Roth*. Der Beschluss korrespondierte mit Bestrebungen von Häftlingen anderer Nationen, ebenfalls bewaffnete Widerstandsgruppen zu schaffen. So wurde Zug um Zug mit dem Aufbau einer Internationalen Militärorganisation begonnen. 1944 existierten bereits elf nationale Kampfkader. Unter den Nichtdeutschen befanden sich viele Patrioten, die für die Befreiung ihrer Heimat vom Faschismus kämpften, so der französische Berufsoffizier Colonel Henri Manhès**. Mit außergewöhnlichem Geschick schaffte es das ILK, die IMO unter den Augen der SS zu »legalisieren«. Die Angehörigen der Militärgruppen wurden in die gleichen Baracken verlegt und in

* 1905-1969. Kommunist, deutscher Häftling, nach 1945 in der Betreuungsstelle für Opfer des Nationalsozialismus in Frankfurt/M. und politischer Sekretär bei der Vereinigung der Verfolgten des Naziregimes (VVN).

** 1889-1959, Journalist, Kämpfer der Résistance, nach 1945 Präsident der Internationalen Föderation der Widerstandskämpfer FIR.

die gleichen Arbeitskommandos eingeteilt, so dass sie jederzeit zu »mobilisieren« waren. Sie wurden der SS in ihrer illegalen Formation als vorgebliche »Handlanger« angeboten.

Wie in allen Lagern und Ghettos setzte die SS auch in Buchenwald eine Art »Häftlingspolizei« ein, die mancherorts aus Totschlägern und Schindern bestand. In Buchenwald wurde der »Lagerschutz« dagegen zur Tarnorganisation der IMO unter Leitung von Heiner Studer*, ebenfalls hessischer Kommunist.

Die elf nationalen militärischen Sektionen wurden in vier Sektoren zusammengefasst, die sich nach Sprachgebieten gliederten. Ende März 1945 hatten die militärischen Sektionen folgende Stärke: Sowjetunion 56 Gruppen, Tschechoslowakei 21, Jugoslawien 16, Polen 14, Frankreich 22, Spanien 9, Italien 5, Belgien 8, Deutschland 23, Österreich 5, Niederlande 2. Außerdem ein internationaler Nachrichtenzug, sieben Gruppen aus Kameraden des Lagerschutzes. Die Gesamtstärke betrug 188 Gruppen mit mehr als 900 Kämpfern.

Eine wichtige Funktion für die IMO besaßen die – im Auftrag der SS – eingerichteten Kommandos Lagerschutz, Feuerwehr, Sanitäts- und Bergungstrupp sowie Brandwache. Sie übten ihre zugewiesenen Aufgaben im Interesse des Schutzbedürfnisses der Häftlinge aus, indem sie das Häftlingseigentum schützten, für Sauberkeit im Lager sorgten, Streit schlichteten, bevor die SS dies auf ihre Weise tun konnte, Verletzten Erste Hilfe leisteten und über das Leben der Häftlinge wachten. Ihre illegale Funktion war darauf gerichtet, Möglichkeiten für Widerstand zu schaffen.

Der Lagerschutz wurde im Juni 1942 von der SS mit dem Ziel geschaffen, die SS-Einrichtungen im Lagerbereich vor dem Zugriff der Häftlinge zu schützen; Werkstätten, Magazine, Kammern und Lager zu bewachen sowie die strikte Einhaltung

---

* 1900-1964, Kommunist, deutscher Häftling, nach 1945 in Frankfurt/M. Aktiv für die KPD.

der Lagerordnung seitens aller Häftlinge durchzusetzen. Der Lagerschutz übernahm Aufgaben bei der Ordnung und Führung ankommender und abgehender Häftlingstransporte, zur Durchführung von Kontrollen, zur Absperrung oder bei Suchen im Lager.

Ohne Wissen der SS wurden für diese Kommandos vertrauenswürdige Kameraden ausgewählt, die eine Rolle für das ILK und die IMO spielten. Ursprünglich in einer Stärke von 20 Häftlingen gebildet, gehörten dem Lagerschutz im April 1945 über 100 Häftlinge verschiedener Nationen an. Seine Mitglieder verfügten über relativ weitreichende Vollmachten und hatten Tag und Nacht zu allen Bereichen des Lagers Zutritt. Diese günstigen Möglichkeiten geschickt ausnutzend, erfüllten die Mitglieder des Lagerschutzes ungezählte illegale Aufträge.

Die Häftlingsfeuerwehr, im Februar 1943 gegründet, wurde zur Brandbekämpfung bei den SS-Villen, im Kommandanturbereich, im SS-Truppenbereich, bei den DAW und Gustloff-Werken sowie innerhalb des Häftlingslagers eingesetzt. Die Häftlingsfeuerwehr verfügte über Motorfahrzeuge und war militärisch in fünf Löschgruppen gegliedert. Bei Fliegeralarm hatte jeweils eine der fünf Gruppen die Aufgabe, die Führerhäuser zu sichern und entstandene Brände zu löschen. Sie mussten Angehörige der SS-Führer in den Bunker begleiten und während eines Angriffes den Luftschutzbunker sichern, in dem die Offiziere der Lager-Kommandantur und des Totenkopfverbandes Unterschlupf suchten.

Der Sanitätstrupp wurde Ende 1943 in einer Stärke von 18 Häftlingen gebildet. Von der SS war ihm die Aufgabe zugewiesen, im Falle eines Luftangriffs auf das Lager oder seine nähere Umgebung eine schnelle Bergung und Behandlung der Verwundeten zu garantieren. Dabei war klar, dass die SS die Bergung und Behandlung verwundeter SS-Angehöriger im Auge hatte, während es dem ILK darum ging, verletzten Häftlingen sofort sanitäre Hilfe zu leisten. Bei jedem Fliegeralarm rückte der Sanitätstrupp aus dem Häftlingslager aus. Die Bewegungsfreiheit des Trupps war in solchen Zeiten fast unbegrenzt.

Seine Angehörigen waren mit alten Militäruniformen, deutschen bzw. sowjetischen Stahlhelmen, Gasmasken und Sanitätstaschen ausgerüstet. Bei allen offiziellen Einsätzen außerhalb des Häftlingslagers hatte der Sanitätstrupp konkrete Aufklärungsarbeiten zu erfüllen. Damit konnten militärische Bewegungen auch außerhalb der großen Postenkette der SS erfasst werden.

Der Bergungstrupp wurde auf Weisung der SS-Lagerleitung nach dem schweren Bombenangriff auf Weimar im Februar 1945 gebildet. Seine Angehörigen hatten die Aufgabe, Sachwerte aus den Trümmern zerstörter Gebäude zu bergen.

Das ILK und die Leitung der IMO sahen in diesem neuen legalen Lagerorgan die Reserve der Militärorganisation, zumal die Angehörigen des Bergungstrupps auch äußerlich durch Armbinden gekennzeichnet waren. Es gelang, in dieses Aufgebot fast nur solche deutschen und in geringerem Maße auch ausländische antifaschistische Häftlinge einzuschleusen, auf die Verlass war.

Eine militärische Rolle spielte die im Juni 1944 legal gebildete Brandwache. Sie sollte unter anderem zusammen mit dem Lagerschutz, der Feuerwehr und den Blockältesten für die innere Ordnung des Lagers sorgen, insbesondere bei Fliegeralarm. Alle Nationen des Lagers wurden zur Mitarbeit herangezogen. Zunächst wurde mit fünf Mann je Block begonnen. Am Ende waren es auf den meisten Blocks zwischen 20 und 40 Mann, so dass der Gesamtbestand etwa bei 800 bis 1.000 Mann lag. Die Brandwache hatte offiziell die Aufgabe, die Verdunkelung zu überprüfen und bei Fliegeralarm den Sicherheitsdienst des Lagers zu übernehmen.

Die IMO brauchte Waffen. Viele davon »organisierte« man in der Gewehr- und Pistolenproduktion der Gustloff-Werke. »Ausschussware« wurde abgezweigt, teilweise »Ausschuss« gegen funktionstüchtige Karabiner ausgetauscht. In das Lager geschmuggelt wurden sie unter Feuerwehrsand, in Einzelteilen bei der Rückkehr der Arbeitskommandos, wobei das mit einem hohen Risiko für den Häftling verbunden war. Zwei russische Kriegsgefangene und ein deutscher Häftling setzten dann die Teile im Lager wieder zusammen. Die Munition entwendete man überwiegend beim Einschießen.

Einmal gelang es sogar, ein unbeaufsichtigtes leichtes Maschinengewehr und 2.000 Schuss Munition aus einem Evakuierungstransport zu organisieren. Auch Waffen, die im SS-Bereich unbeaufsichtigt lagen, wurden gesichert. Kein SS-Mann traute sich, den Verlust einer Waffe oder Munition, gestohlen von Häftlingen, bei einem Vorgesetzten zu melden. Aus der SS-Truppengarage wurden 16 deutsche Stielhandgranaten entwendet und ins Lager gebracht. In eigener Produktion wurden Handgranaten, Brandflaschen sowie Hieb- und Stichwaffen entwickelt.

Das alles ist anhand von Dokumenten belegt und nachlesbar. Basierend auf den Aussagen von Überlebenden sind sogar die vielfältigen Verstecke der Waffen im Lager bekannt. Sie befanden sich im Häftlingskrankenbau, im Kohlenkeller des Funktionsbaus, wo das Maschinengewehr deponiert wurde, Waffenlager befanden sich unter der Baracke 11 der Feuerwehr und des Lagerschutzes, zwischen den Baracken 12 und 18 in einem Heizungsschacht. In der Baracke 7 der sowjetischen Kriegsgefangenen waren Pistolen und Brandflaschen gelagert.

Im Operationssaal II des Häftlingskrankenbaus versteckten die Häftlinge Filmmaterial, das Kurt Köhler aus dem Fotolabor der SS entwendet hatte. Im Lagerraum der Baracke 12 Scherenfernrohre und Feldstecher deponiert.

Unter der Kontrolle der IMO fanden sich folgende Waffen, Spreng- und Brandmitteln: Ein leichtes Maschinengewehr, 96 Karabiner, etwa 100 Pistolen, 16 Handgranaten (Originale der deutschen Wehrmacht), 107 selbstgebaute Handgranaten, 1.100 Brandflaschen, 50 Hiebwaffen, knapp 100 Stichwaffen.

Die von den sowjetischen und tschechoslowakischen Sektionen hergestellten Hieb- und Stichwaffen sind in dieser Aufrechnung nicht enthalten, da ihre Anzahl nicht bekannt ist. (vgl. Kühn/Weber: Stärker als die Wölfe, S. 212 ff.)

# VI.
# Der Weg zur Selbstbefreiung und das politische Vermächtnis

Im September 1944 zählte Buchenwald 84.505 Gefangene, davon 65.000 in 136 Außenlagern. Als mit Beginn des Jahres 1945 die Alliierten im Osten und im Westen immer tiefer in das Reichsgebiet eindrangen, begannen die Faschisten die Lager aufzulösen. Kein Häftling sollte durch die alliierten Streitkräfte gerettet werden. Als das Vernichtungslager Auschwitz von der Roten Armee am 27. Januar 1945 befreit wurde, trafen sie nur noch etwa 6.000 transportunfähige und kranke Häftlinge an. Die anderen waren auf den Todesmarsch geschickt worden, viele kamen – wie berichtet – auch im KZ Buchenwald an. Weniger als die Hälfte der von dort Evakuierten hatte lebend das Lager Buchenwald erreicht. Ab Februar 1945 wurden auch rund 25.000 Gefangene aus den Außenlagern nach Buchenwald zurückgebracht. Die Frauenaußenkommandos sollten nach Flossenbürg oder Bergen-Belsen transportiert werden.

Im März 1945 war das Stammlager mit der größten Zahl von Häftlingen belegt. Mit Beginn des Frühjahrs war klar, dass die alliierten Streitkräfte, die mittlerweile auf 150 km Luftlinie an das Lager herangekommen waren, wenn überhaupt nur noch auf aufschiebenden militärischen Widerstand der Wehrmacht stoßen würden. Nun sollte das Lager aufgelöst werden, wobei vollkommen unklar war, wohin denn die Gefangenen gebracht werden könnten. Um Unruhen zu vermeiden, ließ der Lagerkommandant, SS-Oberführer Pister, gegenüber den »reichsdeutschen« Häftlingen erklären, dass, »bei seinem Ehrenwort als Offizier«, das Lager nicht evakuiert werde. Doch schon am 4. April 1945 kam der erste Befehl zur Evakuierung – zuerst in Bezug auf jüdische Häftlinge.

Angesichts der noch vorhandenen militärischen Macht der SS kam nur hinhaltender Widerstand in Betracht. Als am

Nachmittag der Befehl kam: »Alle Juden auf dem Appellplatz antreten!«, war klar, dass mit den rund 6.000 jüdischen Häftlingen der Anfang gemacht werden sollte, die meisten von ihnen durch Hunger und Kälte nicht fähig zum Widerstand. Vor diesem Hintergrund beriet das ILK, ob eine Befehlsverweigerung möglich sei. Man entschied sich für Verzögerung.

Hans Eiden*, kommunistischer Lagerältester aus Trier, erklärte gegenüber der SS, die Juden hätten Angst. Man schlage vor, bis zum kommenden Tag zu warten und dann mit dem Lagerschutz die Juden zum Tor zu treiben. Der SS-Lagerführer willigte ein.

In der Nacht ging durch das Lager ein Hinweis an die jüdischen Häftlinge, den Judenstern von der Häftlingskleidung abzureißen und sich in den Baracken zwischen den »Ariern« zu verstecken. Die Blockältesten vernichteten die Karteikarten – das Auffinden jüdischer Gefangener sollte der SS so schwer wie möglich gemacht werden.

Als am Morgen des 5. April das Lager zum Appell antrat, gab es zum ersten Mal seit acht Jahren ein Bild des Durcheinanders statt der befohlenen »Ordnung«. Bei den Judenblocks fehlten Hunderte, bei den Blocks der »Arier« standen plötzlich mehr Häftlinge als zuvor. Die SS versuchte mit Gewalt, Juden ausfindig zu machen und zur Sammelstelle zu treiben. Der Lagerschutz »unterstützte« die SS, indem er die jüdischen Häftlinge wo immer möglich wieder entwischen ließ. Ein vor dem Hintergrund der bisherigen Geschichte des KZ unerhörter Vorgang.

Besonderen Mut zeigte in dieser Situation Wilhelm Hammann, der Blockälteste des Blocks 8, dem »Kinderblock«. Als SS-Leute dort erschienen und befahlen, sämtliche jüdischen Kinder antreten zu lassen, erklärte er mit fester Stimme, hier

* 1901-1950, Kommunist, deutscher Häftling, Lagerältester, nach 1945 KPD-Abgeordneter im Landtag von Rheinland-Pfalz, starb an den Folgen der KZ-Haft.

gäbe es keine. Seinen Schützlingen hatte er zuvor eingetrichtert, sich auf keinen Fall bei der Frage »Wer ist Jude?« zu melden. Einen Jungen, der sich aus Angst vor der SS melden wollte, brüllte er an: »Du bist kein Jude« und schickte ihn wieder ins Glied. Vom Gebrüll und den üblichen Drohungen mit Bock und Galgen der SS ließ sich Wilhelm Hammann nicht einschüchtern, so dass die SS-Leute unverrichteter Dinge den Block verließen. Der Kinderblock 8 hatte zum Schluss über 400 Insassen. Insgesamt 904 Kinder und Jugendliche erlebten eine Woche darauf die Selbstbefreiung des Lagers Buchenwald.

Nachdem etwa 3.000 jüdische Häftlinge zusammengetrieben worden waren, brach die SS die Aktion ab. Die Hälfte der jüdischen Häftlinge Buchenwalds konnte durch diese Aktion gerettet werden. Ziel des Transportes sollte das KZ Flossenbürg sein – zu Fuß. Später wurde er in Richtung KZ Dachau umgeleitet. Auf dem Marsch wurden zahllose Häftlinge erschlagen und erschossen, einige wenige konnten fliehen. Mitte April kamen nur noch rund 300 Häftlinge im KZ Dachau an.

Am kommenden Tag kommandierte die SS 46 Häftlinge, unter ihnen 32 Deutsche, fünf Niederländer, vier Tschechen, drei Österreicher und zwei Polen ans Lagertor. In der Häftlingsschreibstube war durchgesickert, ein Spitzel habe sie als angebliche »Führer des Widerstands« denunziert. Das ILK beschloss:

> »Die aufgerufenen Häftlinge stehen unter dem Schutz des Internationalen Komitees und werden im Lager versteckt! Wer der SS hilft, die 46 Versteckten zu finden, ist ein Verräter, ein Feind. Exekutionen der SS werden nicht mehr geduldet. Wenn die SS versucht, mit Gewalt einen der 46 ans Tor zu schleppen, wird ihr Gewalt entgegengesetzt.«

Die Gesuchten wurden an verschiedenen Orten im Lager versteckt. Der Häftlings-Lagerschutz musste das ganze Lager nach den verschwundenen 46 Häftlingen durchsuchen – jedoch »erfolglos«. Das war nicht nur eine Botschaft an die SS, sondern auch an die Häftlingsgesellschaft. Dies zeigte allen Häftlingen, dass es in diesem Lager eine konspirative Widerstandskraft gab, die in der Lage war, sich der SS zu widersetzen. Und diese Botschaft wurde verstanden. Tatsächlich gab es keine Denunziation, vielmehr half man den Geschützten mit Nahrungsmitteln und anderen Zuwendungen.

Angesichts solcher Reaktionen versuchte die SS die Evakuierung des Lagers zu beschleunigen. Über 4.000 Häftlinge, die aus dem Außenkommando Ohrdruf S III nach Buchenwald getrieben worden waren, schickte man unmittelbar darauf per Viehwaggon nach Flossenbürg. Auch dieser Transport wurde nach Dachau umgeleitet. Er kam dort nach 21 Tagen an. In diesen drei Wochen starben rund 1.500 Häftlinge.

Am Sonntag, dem 8. April, wurden die Blockältesten um 11 Uhr ans Tor gerufen. Der SS-Lagerführer erklärte: »Bis 12 Uhr muss das Lager leer sein.« Der SS-Rapportführer brüllte durch das Mikrofon: »Lagerältester, aufmarschieren lassen!« Tatsächlich geschah jedoch nichts. Häftlinge erklärten, sie hätten Angst vor Tieffliegern und Bombardierungen während der Evakuierung, außerdem hätten sie noch nichts zu Essen bekommen.

Als die Häftlinge nicht freiwillig antraten, trat um 14 Uhr die SS in Aktion. Schwer bewaffnete Kolonnen marschierten durch das Eingangstor, stellten zwei Maschinengewehre auf und sperrten den Appellplatz ab. Eine andere Gruppe von SS-Leuten, die Blockführer, drangen bewaffnet in die Blocks ein und prügelten Häftlinge hinaus. Auf dem Appellplatz wurden die Herausgejagten durch Kontrollsperren der SS getrieben und außerhalb des Häftlingslagers formiert. Es gelang der SS, innerhalb einer Stunde 9.600 Häftlinge herauszutreiben. Die Hälfte wurde zum Weimarer Bahnhof gescheucht. Die anderen blieben bis zum Abtransport unter Bewachung ukrainischer SS-Freiwilliger unter freiem Himmel.

Da sich die alliierten Streitkräfte bereits im Raum Gotha befanden, setzte das ILK sein illegales Funkgerät in Betrieb. Am 8. April 1945 wurde um 13.30 Uhr ein Funkspruch in englischer, deutscher und russischer Sprache an die US-Armee abgesetzt: »An die Alliierten, an die Armee des Generals Patton – hier Konzentrationslager Buchenwald – SOS – wir bitten um Hilfe – man will uns evakuieren – die SS will uns vernichten.« Es dauerte nur eine kurze Zeit, bis eine Antwort der US-Armee in englischer Sprache aufgefangen werden konnte: »KZ Buchenwald – aushalten – wir eilen Euch zu Hilfe – Stab der 3. Armee«. Eine solche Nachricht stärkte den Überlebenswillen der Häftlinge.

Am kommenden Tag erlebte das Lager einen neunstündigen Fliegeralarm, so dass die SS die Räumung des Lagers nicht fortsetzen konnte.

Am Dienstag, dem 10. April, befahl der Lagerkommandant Pister: »Das Lager wird heute restlos evakuiert. Um 11 Uhr gehen die russischen Kriegsgefangenen in einem Sondertransport ab, dann folgen alle übrigen Häftlinge zu 4.000 Mann in Abständen von je 2 Stunden«. Doch erst mit deutlicher Verspätung formierte sich der Transport der Kriegsgefangenen der Roten Armee. Aus dem Arsenal der IMO hatte man ihnen Messer, Schlagwaffen und andere Instrumente zur Selbstverteidigung übergeben, damit sie sich gegen Versuche der SS wehren könnten, sie auf dem Transport zu liquidieren.

Weitere Transporte verzögerten sich durch erneute Tieffliegerangriffe der Amerikaner bis in die Abendstunden, so dass die 4.500 Häftlinge überwiegend aus Osteuropa am Bahnhof in Weimar zu übernachten hatten, ehe sie in Waggons verladen wurden. Kurz vor Jena wurde durch Fliegerangriff die Lokomotive des Zuges beschädigt, so dass die Häftlinge zu Fuß weitermarschieren mussten. Einigen Gruppen gelang die Flucht, andere wurden von den nachrückenden US-Truppen befreit.

In der Nacht vom 10./11. April rechneten auch nicht beteiligte Häftlinge damit, dass es entweder zu Kämpfen mit der SS, zu einer Bombardierung des Häftlingsbereichs durch deutsche Flieger oder zu einem Massentransport kommen würde. Das Artilleriefeuer der dritten amerikanischen Armee rückte immer näher, man hörte, Erfurt sei gefallen. Den Sanitätern und Ärzten im Häftlingskrankenbau wurde am 10. April abends die Frage vorgelegt, ob sie mit den Blocks abmarschieren oder bei den Kranken im Revier bleiben wollten. Alles müsse weg, nur die Kranken blieben bis auf weitere Anordnung im Lager. Keiner wollte seine Kranken im Stich lassen: Man wusste, dass die SS in anderen Lagern nur Leichen zurückgelassen hatte.

Dass sich das Lager und auch die SS in jenen Tagen in einem Auflösungsprozess befanden, war nicht zu übersehen. Einerseits wurde es mit Brutalität und Hektik geräumt, andererseits versuchten die Verantwortlichen sich selbst und ihre Beute in Sicherheit zu bringen. Während die SS-Größen mit ihren vollgepackten Wagen im Kasernenbereich standen, traf noch ein Evakuierungstransport von 425 Häftlingen aus dem Außenkommando Niederorschel nach mehrtägigem Fußmarsch ein. In der Agonie der Auflösung ermordete die SS noch die letzten 24 Häftlinge im Bunker, man wollte keine Zeugen für die Verbrechen. In der Effektenkammer stahlen SS-Leute Geld, Uhren und andere Wertsachen, auch Papiere und Personaldokumente, um nach »dem Ende« unter falscher Identität untertauchen zu können.

Am 11. April 1945 verblieben noch etwa 21.000 Häftlinge im Lager. Dieser Tag markierte für alle Häftlinge bereits durch seinen Tagesablauf das Ende der SS-Herrschaft. Laut Schilderungen von Überlebenden gab es zunächst keinen morgendlichen Zählappell. Um 10:15 Uhr signalisierte die Sirene »Feind-Alarm«, wenig später befahl Pister den Lagerältesten zu sich. In einer weinerlichen Rede erklärte er, dass er, Pister, dem Lagerältesten das KZ übergebe. Offenkundig wollte er sich absetzen und mit der weiteren Entwicklung nichts mehr zu tun haben. Häftlinge hatten jedoch gehört, Pister habe den

Kommandanten des in der Nähe liegenden Flugplatzes Nora angerufen und diesen aufgefordert, einem Befehl Himmlers gemäß das Lager zu liquidieren. Da keine Bomber zur Verfügung standen, machte er – allerdings ohne Erfolg – den Vorschlag, Tiefflieger zu schicken und das Lager mit Gasbomben angreifen zu lassen. Für die Wachmannschaften wurden bereits Gasmasken ausgegeben. Um 12:10 Uhr hörten die Häftlinge zum letzten Mal die verhasste Stimme des Rapportführers Hofschulte: »Sämtliche SS-Leute aus dem Lager.« Keiner wusste, was das zu bedeuten hat. Die Wachtürme waren noch besetzt und im Außenbereich waren Teile der Postenkette zu erkennen.

Gleichzeitig konnten die Aufklärer der IMO, die sogar über Ferngläser verfügten, Kampfhandlungen in Hottelstedt, einem etwa einen Kilometer vom Lager entfernten Dorf, ausmachen. Also mussten die Amerikaner vor Ort sein. Um 14 Uhr marschierte eine Kompanie SS-Reserve in Richtung Front, bog dann aber ab, um sich in Richtung Osten abzusetzen. Panzerfäuste waren auf den Türmen verteilt worden.

In dieser Situation, als die Truppen scheinbar in direkter Nähe des Lagers waren, entschied sich das ILK für einen Aufstand und erteilte dem Leiter der IMO die Freigabe der Waffen. Wie es in vielen Übungen – unter den Augen der SS und doch unbemerkt – erprobt worden war, stießen daraufhin die internationalen Kampfgruppen gegen die Türme und die gesamte Lagerumzäunung vor. Fast gleichzeitig wurden an bestimmten Durchbruchstellen die Tore und Drahthindernisse niedergerissen, die Postentürme besetzt, mit den dort erbeuteten Waffen weitere Militärkader ausgerüstet. Es kam zu Vorstößen bis zu drei Kilometer in die Tiefe der Lagerumgebung. Jorge Semprún* schilderte diesen Tag mit folgenden Worten:

---

* 1923-2011, spanischer Schriftsteller, Résistance, Häftling im Kleinen Lager, nach 1945 Autor zahlreicher Bücher zu Buchenwald, 1988 spanischer Kulturminister.

> »Die Kampfgruppen sammelten sich an den zuvor festgelegten Stellen. Um 15:00 Uhr gab das militärische Komitee den Befehl, die Aktion zu beginnen. Die Kameraden brachen plötzlich vor, Waffen im Arm: automatische Gewehre, Maschinenpistolen, einige Handgranaten, Parabellums, Panzerfäuste … Waffen, die in langen Jahren geduldig gesammelt worden waren für den heutigen, so unwahrscheinlichen Tag… ›In Gruppen formiert!‹ brüllte Palezon, der militärisch Verantwortliche der Spanier. Wir waren, ebenfalls brüllend, aus den offenen Fenstern gesprungen. Jeder wusste, welche Waffe für ihn bestimmt war. An Sonntagnachmittagen hatten wir, ohne die Waffen, dies alles, diesen Zeitplan geübt, inmitten der ausgehungerten, desorientierten Menge; alles, alles war schon Reflex geworden. … Später marschierten wir nach Weimar, bewaffnet. Als es Nacht wurde, erreichten uns die Panzer Pattons auf dem Wege. Zuerst ungläubig, dann, nach unseren Erklärungen, begeistert, entdeckten die Panzer diese bewaffneten Gruppen, diese fremden Soldaten in Lumpen.« (aus: Die Glocke vom Ettersberg, II-1997)

David Rousset* beschreibt, wie französische Häftlinge diesen Tag erlebt haben:

> »Der Lagerschutz gibt die Waffen aus der Effektenkammer aus. … Gleichzeitig beginnt die Verteilung am Hygiene-Institut. Die Tschechen treten schnell vor dem Block an; es sind dreißig Mann. Zwanzig weitere kommen hinzu. Die Spanier, die Franzosen, die Deutschen und die Russen sind die ersten am Stacheldraht. Den Wachen auf den Türmen wird zugerufen, sich zurückzuziehen. … Eine Gruppe von Franzosen greift eine Maschinengewehr-Stellung an, die die Ukrainer (SS-Hilfsfreiwillige) verlassen haben. Der Stacheldraht wird an drei Stellen fast gleichzeitig durchbrochen. … Erste amerikanische Panzer fahren auf der Straße Hottelstedt/SS-Revier vorbei, ohne anzu-

---

* 1912-1997, französischer Schriftsteller, Résistance, nach 1945 Journalist, Abgeordneter für die gaullistische Partei.

> halten. Sie fahren Richtung Weimar. Die SS auf dem Turm wird entwaffnet und gefangen genommen.« (Le Serment de Buchenwald , No. 264/1996)

Insgesamt fielen den kämpfenden Häftlingen etwa 1.500 Karabiner, 180 Panzerfäuste, 18 leichte und vier schwere Maschinengewehre in die Hände. Die von der SS zurückgelassenen und auf sich selbst gestellten Wachmannschaften setzten dem Angriff der Kampfgruppen der Häftlinge wenig Widerstand entgegen. Größtenteils ergaben sie sich oder suchten ihr Heil in der Flucht. Bis zur Nacht wurden etwa 120 von ihnen als Gefangene eingebracht. Die Zahl stieg in den zwei folgenden Tagen auf insgesamt 220. Untergebracht wurden sie im Block 17. Alle Gefangenen wurden den amerikanischen Truppen übergeben. Das ILK und die Leitung der IMO duldeten keine Selbstjustiz. Bewaffneter Widerstand, den die Faschisten bei ihrer Flucht leisteten, wurde jedoch entschlossen und rücksichtslos gebrochen.

Um 15:15 Uhr flatterte die weiße Fahne auf dem Haupttor. Der Lagerälteste Hans Eiden verkündet in seinem ersten Aufruf durch das Mikrofon: »Kameraden, wir sind frei! Die Faschisten sind geflohen. Das Internationale Lagerkomitee hat die Macht übernommen. Wir fordern Euch auf, Ruhe und Ordnung zu bewahren«. Auch wenn die Freude über die gewonnene Freiheit riesig war, so war es doch notwendig, zum Schutz aller Häftlinge und angesichts der unsicheren Frontlage das Lager weiterhin zusammenzuhalten.

Eine amerikanische Perspektive auf diesen Tag findet man in dem Bericht von zwei Aufklärern der 4. Panzerdivision der US-Armee, Paul Bodot und Emmanuel Desnard. Sie hatten sich als Kämpfer der Résistance im Sommer 1944 in die US-Armee eingereiht:

> »Es war der 11. April 1945. Ich war als Sergeant beim Übersetzerstab der Military Intelligence (M. I. Team), dem Kampfkommando ›B‹ (CCB), zugeteilt, das zur 4. Panzerdivision der 3. Armee des General Patton gehörte. Unsere Aufgabe gab uns

> eine bestimmte Unabhängigkeit, so dass wir uns an diesem Tage, unserer Abteilung vorauseilend, ein Stück von der Marschroute entfernt hatten. Auf einem Feld bemerkten wir eine Gruppe Gefangener, die von bewaffneten Zivilisten bewacht wurden.
>
> Wir hielten an und wurden von demjenigen, der das Kommando führte, empfangen. Es war ein Belgier, der uns mitteilte, dass sich einige Kilometer entfernt das Lager Buchenwald befände, in dem sich rund 22.000 Deportierte befänden, die sich durch einen Angriff auf die Wächter selbst befreit hätten. Sie hätten bewaffnete Gruppen aufgestellt wie die seinige und machten nun Jagd auf entflohenes Wachpersonal. Er schlug vor, uns zum Lager zu führen, und nahm, nachdem Leutnant Desnard zugestimmt hatte, auf der Motorhaube unseres Jeeps Platz. Er führte uns über Felder und dann durch einen Wald zum Eingang des Lagers. … Unsere Ankunft ist nicht zu beschreiben. Wir wurden durch die Verantwortlichen des Befreiungskomitees empfangen (das sich aus Deportierten verschiedener Nationalitäten zusammensetzte). Sie sagten uns, dass wir die ersten seien, die das Lager beträten … Unser Eintreffen in Buchenwald war eher zufällig. Wir konnten uns nicht aufhalten, da unser Kommando seine Marschroute einhielt und wir es schnellstens wieder erreichen mussten … Zu unserer großen Überraschung trafen wir dann nach einigen hundert Metern auf einer Straße amerikanische Fahrzeuge, deren Fahrer nicht ahnten, dass sie so nahe bei einem der berüchtigten Lager waren.« (aus: Le Serment de Buchenwald, No. 120, 1978)

Nachdem das ILK die Macht im nunmehr befreiten KZ Buchenwald übernommen hatte, begann der letzte Abschnitt der Geschichte des Lagers. Antifaschisten verschiedener Länder, die bisher unter Lebensgefahr ihre politische Arbeit im Untergrund leisten mussten, konnten nun offen auftreten. Überall sah man Plakate, Transparente, handgemalte und geschriebene Wandzeitungen. Auf den Baracken wehten Fahnen europäischer Staaten. Am 12. April fand der erste Freiheitsappell statt. Es war zugleich der letzte Appell im Lager. Mit erhobenen Köpfen, anders als all die Jahre hindurch, die Lieder der Heimat auf den Lippen, marschierten die einzelnen Nationen auf. Die Lagerkapelle spielte Lieder, an die man bisher nur denken durfte. Der bisherige Lagerälteste, Hans Eiden, verlas einen Aufruf des Internationalen Komitees und brachte gegenüber den Befreiern stellvertretend den Dank aus dem gesamten Lager zum Ausdruck.

Am 13. April übernahm der amerikanische Standortkommandant Lt. Colonel Edmund A. Ball das befreite Lager Buchenwald. Zuvor hatte die US-Armee den Raum Weimar, der Umgebung des Lagers, besetzt. Er beglückwünschte die Häftlinge zu ihrer Befreiung. Sie hätten mit ihrer Leistung den Kampf der alliierten Streitkräfte unterstützt. Er verlieh seiner Hoffnung Ausdruck, dass sie bald in die Heimat zurückkehren könnten. Anders jedoch als von der IMO gewollt, befahl der US-Kommandant die Abgabe aller Waffen aus den Händen der Häftlinge, was auch umgesetzt wurde.

Zudem mussten alle Häftlinge registriert werden, um die Verpflegung und gesundheitliche Versorgung sicherzustellen sowie die spätere Entlassung vorzubereiten. Angesichts der Kriegslage war an eine Rückkehr auf eigene Faust nicht zu denken. Auch die Häftlinge wurden von der US-Armee überprüft, bevor Entlassungspapiere ausgestellt wurden. Bei den deutschen Häftlingen musste außerdem geklärt werden, wie die Aufnahme in den zerbombten Städten bei mangelndem Wohnraum vorbereitet werden könnte. Dafür schickte man Vertrauenspersonen als Vorauskommando zur Klärung in die jeweiligen Heimatregionen. So fuhren Emil Carlebach und Otto Roth unter abenteuerlichen Umständen Anfang Mai nach Frankfurt am Main.

Für die befreiten Kinder und Jugendlichen organisierte der O.S.E. (Œuvre de secours aux enfants), eine jüdische Kinder-Hilfsorganisation, Aufenthalte in Sanatorien in der Schweiz, in Frankreich und Großbritannien.

Von Bedeutung war eine Anweisung der amerikanischen Besatzungsoffiziere bezogen auf Weimar. Nachdem General George S. Patton das KZ Buchenwald inspiziert hatte, ordnete er an, dass am 16. April 1.000 Weimarer Bürger das Lager besichtigen mussten. Im Hof des Krematoriums konfrontierten die Häftlinge die Weimarer mit den dort verbliebenen Leichen. Dieser Besuch Weimarer Bürger in Buchenwald wurde filmisch eindrucksvoll dokumentiert. Später besuchten auch Journalisten, Fotoreporter, Delegationen des Internationalen Roten Kreuzes, des US-Kongresses und des britischen Parlaments das befreite Lager.

**Das politische Vermächtnis für einen antifaschistischen Neubeginn**

Nicht nur im Exil und in der Illegalität, selbst in den Konzentrationslagern machten sich deutsche Antifaschisten Gedanken darüber, wie ein politischer Neuanfang aussehen müsse, damit eine Wiederkehr faschistischer Herrschaft für alle Zukunft verhindert werden könne. Natürlich brachten sie ihre partei- und gesellschaftspolitischen Überzeugungen ein. Gleichzeitig war ihnen klar, dass es bei einem antifaschistisch-demokratischen Neuanfang nicht um die Durchsetzung von Parteiprogrammen ging, sondern ein Konzept zu formulieren war, das alle antifaschistisch gesinnten Menschen einbeziehen konnte. Dazu hatten die politischen Debatten im Exil, das »Prager Manifest« der SoPaDe sowie die Brüsseler und Berner Konferenzen der KPD beigetragen. Nun ging es darum, eine gemeinsame Botschaft für die Zeit nach der NS-Regierung zu formulieren.

Zum ersten Mal manifestierte sich diese Gemeinsamkeit auf der Trauerkundgebung, die die Häftlinge des Lagers am 19. April 1945 auf dem Appellplatz organisierten. In dem »Bericht des Internationalen Lagerkomitees Buchenwald« von 1945 heißt es:

»Ein großes Ehrenmal wurde auf dem Appellplatz errichtet. Die Blocks und Baracken waren mit Fahnen und Transparenten geschmückt. Die Fahnen fast aller Nationen wehten im Wind. Unter den Klängen ihrer Nationalhymnen marschierten die Nationen auf. Sowjetische Häftlinge, Polen, Tschechen und Slowaken, Jugoslawen, Österreicher, Ungarn, Rumänen, Engländer, Deutsche, Franzosen, Italiener, Spanier, Belgier, Holländer und Luxemburger.

Unter den Klängen der »Internationale« marschierten die gemischten Blocks auf. 21.000 marschierten zum Gedächtnis für 56.000 tote Kameraden. Die Fahnen wurden vor dem Ehrenmal aufgestellt und neigten sich zum Gruß.

Der Vorsitzende des Internationalen Lagerkomitees, Walter Bartel, eröffnete die Kundgebung. Mit entblößtem Haupt gedachte man der Toten. Dann verlasen Mitglieder des Internationalen Komitees – jeder in seiner Sprache – die gemeinsame Erklärung:

**Der Schwur von Buchenwald**

»Kameraden! Wir Buchenwalder Antifaschisten sind heute angetreten zu Ehren der in Buchenwald und seinen Außenkommandos von der Nazi-Bestie und ihren Helfershelfern ermordeten 51.000 Gefangenen!

51.000 erschossen, gehenkt, zertrampelt, erschlagen, erstickt, ersäuft, verhungert, vergiftet, abgespritzt.

51.000 Väter-Brüder-Söhne starben einen qualvollen Tod, weil sie Kämpfer gegen das faschistische Mordregime waren.

51.000 Mütter und Frauen und Hunderttausende Kinder klagen an!

Wir lebend Gebliebenen, wir Zeugen der nazistischen Bestialität, sahen in ohnmächtiger Wut unsere Kameraden fallen.

Wenn uns eins am Leben hielt, dann war es der Gedanke: Es kommt der Tag der Rache!

Heute sind wir frei!

Wir danken den verbündeten Armeen der Amerikaner, Engländer, Sowjets und allen Freiheitsarmeen, die uns und der gesamten Welt den Frieden und das Leben erkämpfen.

Wir gedenken an dieser Stelle des großen Freundes der Antifaschisten aller Länder, eines Organisatoren und Initiatoren des Kampfes um eine neue, demokratische, friedliche Welt F. D. Roosevelt. Ehre seinem Andenken!

Wir Buchenwalder, Russen, Franzosen, Polen, Tschechen, Slowaken und Deutsche, Spanier, Italiener und Österreicher, Belgier und Holländer, Engländer, Luxemburger, Rumänen, Jugoslawen und Ungarn, kämpften gemeinsam gegen die SS, gegen die nazistischen Verbrecher, für unsere eigene Befreiung.

Uns beseelte eine Idee: Unsere Sache ist gerecht – Der Sieg muss unser sein!

Wir führten in vielen Sprachen den gleichen harten, erbarmungslosen, opferreichen Kampf, und dieser Kampf ist noch nicht zu Ende. Noch wehen Hitlerfahnen! Noch leben die Mörder unserer Kameraden! Noch laufen unsere sadistischen Peiniger frei herum!

Wir schwören deshalb vor aller Welt auf diesem Appellplatz, an dieser Stätte des faschistischen Grauens:

Wir stellen den Kampf erst ein, wenn auch der letzte Schuldige vor den Richtern der Völker steht!

Die Vernichtung des Nazismus mit seinen Wurzeln ist unsere Losung. Der Aufbau einer neuen Welt des Friedens und der Freiheit ist unser Ziel.

Das sind wir unseren gemordeten Kameraden, ihren Angehörigen schuldig. Zum Zeichen Eurer Bereitschaft für diesen Kampf erhebt die Hand zum Schwur und sprecht mir nach:

›WIR SCHWÖREN!‹«

Auch der amerikanische Lagerkommandant Major Shmuhl ergriff das Wort zu einer kurzen Ansprache. Er gedachte der Opfer des Naziterrors, ehrte die Kämpfer gegen den Faschismus und sprach seine Bewunderung dafür aus, wie sich Buchenwald-Häftlinge in internationaler Solidarität gegen die SS und deren Terror im Lager zur Wehr gesetzt hätten.

Neben diesem Dokument, das international bekannt wurde, formulierten deutsche politische Häftlinge weitere programmatische Erklärungen für eine Nach-Hitler-Zeit: die Entschließung des Buchenwalder Volksfrontkomitees vom 19. April 1945, das Manifest der Sozialisten und Sozialdemokraten und eine Resolution der Delegiertenkonferenz der KPD vom 22. April 1945. Das »Buchenwalder Volksfrontkomitee« bestand seit 1944 unter dem Schutz der illegalen Lagerleitung. Die wichtigsten Vertreter waren Hermann L. Brill* als Vorsitzender, Werner Hilpert**, Ernst Thape*** und Walter Wolf****. Gemeinsam formulierte man als programmatische Erklärung:

> **»Die nächsten Aufgaben der Volksfront**
> Die demokratischen Kräfte der ganzen Welt stehen vor dem Sieg über den Nazismus. Die deutschen Antinazisten dürfen stolz darauf sein, unter vielen Opfern und Leiden ihren Teil zu diesem Sieg beigetragen zu haben. Aber noch liegt der furchtbare Gegner nicht zerschmettert am Boden. Die geschichtliche Stunde erfordert vielmehr die Mobilisierung aller antifaschistischen Kräfte, um den blutbefleckten Feind jeder Kultur endgültig niederzuwerfen und jede Wiederholung seiner verbrecherischen Diktatur verhindern zu können. Deshalb fordern wir für den Augenblick:

* 1895-1959, SPD, Abgeordneter, deutscher Häftling, nach 1945 Chef der Hessischen Staatskanzlei, Abgeordneter im Deutschen Bundestag.

** 1897-1957, Zentrumspartei, »Katholische Aktion«, nach 1945 CDU-Hessen, Finanzminister und Geschäftsführer IHK Frankfurt/M.

*** 1892-1985, SPD, Journalist, deutscher Häftling, nach 1945 Mitarbeit im Ostbüro der SPD.

**** 1907-1977, KPD, deutscher Häftling, nach 1945 Minister für Volksbildung und Pädagoge in der DDR.

1. Sofortige Bildung antifaschistischer Volksausschüsse in Stadt und Land.
2. Übernahme der öffentlichen Gewalt durch die Volksausschüsse im Einvernehmen mit den Besatzungsbehörden.
3. Säuberung der Polizei von nazistischen Elementen, Errichtung einer Verteidigungstruppe auf der Grundlage der Miliz gegen Saboteure, Werwölfe und dergl.
4. Einstellung jeder Tätigkeit für Hitler, Verhinderung jeder weiteren Zerstörung Deutschlands, Verhinderung jeder Arbeit, jedes Transports, jeder Nachrichtenübermittlung, jeden Kampfes für die Reste des Dritten Reiches durch die Volksausschüsse und ihre Organe.
5. Verhaftung und Überwachung aller nazistischen Elemente, ihre Überstellung an Volksgerichte.
6. Beschlagnahme aller Nazivermögen und Nazibetriebe.
7. Schaffung einer neuen demokratischen Ordnung gegen die Nazis.
8. Organisation eines Reichsausschusses der Antinazisten, Bildung einer republikanischen Volksregierung.
9. Wiederaufnahme der Arbeit in Stadt und Land, ausschließlich zur Versorgung des deutschen Volkes unter menschenwürdigen Bedingungen. Baldiger Wiedereintritt Deutschlands in die Weltwirtschaft, unverzügliche Aufnahme enger ökonomischer Beziehungen zur Sowjetunion als des natürlichen Wirtschaftspartners auf dem europäischen Festlande.
10. Bildung von antifaschistischen Einheitsgewerkschaften.
11. Herausgabe neuer Zeitungen, Zeitschriften, Ausnutzung des Nachrichtendienstes des Rundfunks und aller Bildungseinrichtungen zur Aufklärung des deutschen Volkes über die Verbrechen des Nazismus, über die wirkliche Lage Deutschlands sowie zur Schaffung einer demokratischen öffentlichen Meinung.

Es lebe die Freiheit! Es lebe die deutsche Volksrepublik!«

(aus: Buchenwald. Ein Konzentrationslager, S. 158 f.)

Neben diesem parteiübergreifenden Dokument formulierten etwa 20 ehemalige Mitglieder der SPD, angelehnt an das »Prager Manifest« von 1934, ein »Manifest der demokratischen Sozialisten des ehemaligen Konzentrationslagers Buchenwald«.

Teilnehmer waren deutsche und österreichische Sozialdemokraten, wie Hermann Brill oder Benedikt Kautsky*, Vertreter von französischen, belgischen, niederländischen, tschechischen und polnischen Sozialisten sowie der Deutschen Sozialdemokratischen Arbeiter-Partei der Tschechoslowakei. Gleichsam als Präambel begründeten sie ihren Anspruch aus ihrer Verfolgungserfahrung:

> »Wir haben Gefängnis, Zuchthaus und Konzentrationslager ertragen, weil wir glaubten, auch unter der Diktatur für die Gedanken und Ziele des Sozialismus und für die Erhaltung des Friedens arbeiten zu müssen. Im Zuchthaus und Konzentrationslager setzten wir trotz täglicher Bedrohung mit einem elenden Tode unsere konspirative Tätigkeit fort. Durch diesen Kampf ist es uns vergönnt gewesen, menschliche, moralische und geistige Erfahrungen zu sammeln, wie sie in normalen Lebensformen unmöglich sind.«

Daraus leiteten sie ihre Verantwortung ab,

> »dem deutschen Volke zu sagen, welche Maßnahmen notwendig sind, um Deutschland aus diesem geschichtlich beispiellosen Zusammenbruch zu retten und ihm wieder Achtung und Vertrauen im Rate der Nationen zu verschaffen.«

In sieben Punkten formulierten sie die unmittelbar zu ergreifenden Maßnahmen für einen antifaschistisch-demokratischen Neuanfang. Die Kernpunkte des umfangreichen Dokuments waren:

---

* 1894-1960, Sozialdemokrat, österreichischer Häftling, nach 1945 österreichischer Politiker und Ökonom.

**»1. Vernichtung des Faschismus**
Solange Faschismus und Militarismus in Deutschland nicht restlos vernichtet sind, wird es keine Ruhe und keinen Frieden bei uns und in der Welt geben. Unsere ersten Anstrengungen müssen darauf gerichtet sein, alle gesellschaftlichen Erscheinungen dieser blutigen Unterdrückung des Lebens für immer zu beseitigen. …

**2. Aufbau der Volksrepublik**
Diese riesenhafte Arbeit kann nur geleistet werden, wenn sich alle antifaschistischen Kräfte zu einem unverbrüchlichen Bündnis zusammenschließen. Zu diesem Zwecke erstreben wir einen neuen Typ der Demokratie, die sich nicht in einem leeren, formelhaften Parlamentarismus erschöpft, sondern den breiten Massen in Stadt und Land eine effektive Betätigung in Politik und Verwaltung ermöglicht. …

**3. Befreiung der Arbeit**
Aufbau und Führung der Volksrepublik sind nur möglich, wenn die Massen der Werktätigen in Stadt und Land in ihr ihren Staat sehen, ihn bejahen und immer bereit sind, für diesen Staat einzustehen. Sie werden das nur tun, wenn die Volksrepublik die Arbeit aus der unerhörten Ausbeutung und Entrechtung, die die Kapitalistenknechte der NSDAP über sie verhängt haben, befreit und ein menschenwürdiges Dasein aller Arbeitenden schafft und garantiert. Deshalb sind die Sozialpolitik und die Sozialversicherung den Bedürfnissen der Arbeiterschaft entsprechend zu gestalten. …

**4. Sozialisierung der Wirtschaft**
Überzeugt, dass die letzte Ursache zu diesem ungeheuerlichsten aller Kriege in der Raubtiernatur der kapitalistischen Wirtschaft, des finanzkapitalistischen Imperialismus und der von beiden erzeugten moralischen und politischen Verwahrlosung des

Lumpenproletariats und Kleinbürgertums liegt, fordern wir, dass den Gesellschaftskrisen durch eine sozialistische Wirtschaft ein absolutes Ende gesetzt wird. Deutschland kann ökonomisch nur auf sozialistischer Grundlage wieder aufgebaut werden. Ein Aufbau unserer zerstörten Städte als kapitalistisches Privatgeschäft ist ebenso unmöglich, wie ein Wiederaufbau der Industrie aus den Taschen der Steuerzahler. …

**5. Friede und Recht**

… Wir bekennen uns vor der Welt aus tiefster ehrlicher Überzeugung zu der schuldrechtlichen Verpflichtung der Wiedergutmachung der Schäden, die das deutsche Volk durch den Hitlerismus angerichtet hat. So entschieden wir Kontributionen und Vasallendienste ablehnen, so aufrichtig wollen wir dazu beitragen, dass durch Abtragung einer festbestimmten Wiedergutmachungsschuld eine neue Atmosphäre des Vertrauens zu Deutschland geschaffen wird. Die deutsche Jugend wird verstehen, dass es besser ist, für den Frieden Opfer zu bringen, als im Kriege bei noch größeren sinnlosen Opfern das Leben zu verlieren.

Wir wollen nie wieder Krieg. Wir werden alles tun, um einen neuen Krieg unmöglich zu machen. …

**6. Humanität**

Dazu brauchen wir einen neuen Geist. Er soll verkörpert werden durch den neuen Typ des deutschen Europäers. Uns kann niemand umerziehen, wenn wir es nicht in Freiheit selbst tun. …

**7. Sozialistische Einheit**

Zu all diesem ist die Einheit der sozialistischen Bewegung unerlässlich. Begründet auf die Gedanken des Klassenkampfes und der Internationalität und auf das Bewusstsein, dass die Verwirklichung des Sozialismus nicht eine Frage des Zukunftsstaates, sondern die unmittelbare Gegenwartsaufgabe ist, wollen wir die Einheit der sozialistischen Bewegung als eine Einheit des praktischen Handelns, der proletarischen Aktion herstellen. Freiheit in der Diskussion und Disziplin in der Durchführung der Beschlüsse werden es uns ermöglichen, alle ehrlichen sozialistischen Kräfte zusammenzufassen. …

Es lebe das Bündnis aller antifaschistischen Kräfte Deutschlands!
Es lebe ein freies, friedliches, sozialistisches Deutschland!
Es lebe der revolutionäre demokratische Sozialismus!
Es lebe die Internationale der Sozialisten der ganzen Welt!«
(aus: Gegen den Strom, Nr. 1)

Auch die deutschen Kommunisten formulierten unmittelbar nach der Befreiung ihre politischen Schlussfolgerungen. Die KPD verfügte in Buchenwald über ein illegales Parteiaktiv, dem mehr als 600 Mitglieder und gut 100 Kandidaten, die sich im Lager der KPD angeschlossen hatten, angehörten. Bei etwa 10 Prozent der KPD-Mitglieder wurde die Fortführung ihrer Parteizugehörigkeit »wegen Nichterfüllung ihrer Parteipflichten« nicht anerkannt. Tatsächlich war die KPD die einzige politische Gruppe, die sich selbstkritisch mit dem Verhalten ihrer eigenen Parteimitglieder im Lager auseinandergesetzt hat.

Auf der Delegiertenkonferenz des KPD-Parteiaktivs am 22. April 1945 ging man von einer politischen Analyse der Ursachen der faschistischen Herrschaft aus, aber auch ihrer verheerenden Niederlage durch die militärischen Kräfte der Anti-Hitler-Koalition. Bei aller Anerkennung des heroischen Kampfes der Widerstandsbewegung wurde selbstkritisch angesprochen, dass die Partei vor 1933 Fehler gemacht habe. Der VII. Weltkongress der Kommunistischen Internationale 1935 habe daraus seine Schlussfolgerungen gezogen. Unabhängig davon sei »die KPD der konsequenteste und opferbereiteste Kämpfer gegen den Nazismus zu allen Zeiten« gewesen. Ausgehend von dieser Analyse formulierte man die aktuellen Aufgaben:

»Wir müssen erkennen, dass die Situation in Deutschland noch nicht reif ist zur unmittelbaren Durchführung des Kampfes um die proletarische Diktatur, dass aber unser gegenwärtiger Kampf für eine wahre Volksdemokratie uns dem Sozialismus näher bringt. Unsere Zentralaufgabe ist heute: Massenmobilisierung aller Antifaschisten auf der Grundlage des Nationalkomitees ›Freies Deutschland‹.«

Ausgehend von dieser Überlegung formulierte die KPD einen fünfzehn Punkte umfassenden Aktionsplan und schloss mit der Erkenntnis:

»Die KPD muss sich darüber im Klaren sein, dass die beispiellosen Vernichtungen, welche die Hitlersche Kriegsmaschine anrichtete, vor allem unter Mithilfe des deutschen Volkes wieder gutgemacht werden müssen. Die Wiedererringung der nationalen Freiheit des deutschen Volkes hängt entscheidend davon ab, in welchem Tempo es gelingt, die antinazistischen Kräfte des deutschen Volkes zu mobilisieren und die Selbstbefreiung Deutschlands von dem Nazismus zu organisieren. Wir müssen als Avantgarde der deutschen Arbeiterklasse erkennen, dass die Wiederherstellung der Einheit des Proletariats eine wichtige Voraussetzung zur Erringung dieses Zieles ist. Die Bildung der Einheitsgewerkschaften, die Bildung einheitlicher politischer Organisationen muss im Kampfe geboren werden.

Es lebe die siegreiche Rote Armee!

Es lebe der gemeinsame Kampf aller Antinazisten!

Es lebe ein freies demokratisches Deutschland als erste Etappe auf unserem Wege zur sozialen Revolution!«

(Buchenwald-Archiv 77 2-69)

# VII.
# Vom Umgang mit den Tätern

Mit der Befreiung von Faschismus und Krieg war das Kapitel Buchenwald nicht abgeschlossen. Es ging nun um die Frage: Wie sollte man mit denjenigen, die als mittelbar und unmittelbar Verantwortliche für diese Taten anzusehen waren, umgehen?

Im gemeinsamen Appell, dem Schwur von Buchenwald, hatten die Häftlinge bekannt: »Wir stellen den Kampf erst ein, wenn auch der letzte Schuldige vor den Richtern der Völker steht!« Nun ging es um dessen Umsetzung.

## Alliierte Beschlüsse zur Internierung

Diese Aufgabe ließ sich nur zusammen mit den Alliierten umsetzen. Diese hatten dazu klare Beschlüsse gefasst: auf der Moskauer Außenministerkonferenz, auf der bereits die Entnazifizierung und die Bestrafung der Kriegsverbrecher festgelegt wurde, später in der Potsdamer Konferenz, in den Richtlinien der Londoner Viermächtekonferenz vom 8. August 1945 und mit der Kontrollratsdirektive 38 vom 12. Oktober 1946 über die »Verhaftung und Bestrafung von Kriegsverbrechern, Nationalsozialisten und Militaristen und Internierung, Kontrolle und Überwachung von möglicherweise gefährlichen Deutschen«. Eine erste Meldung zu den geplanten Internierungen findet sich im Mai 1945 in der *Hessischen Post*, der Zeitung der 12. US-Heeresgruppe für die deutsche Zivilbevölkerung in Hessen und Thüringen, was zum damaligen amerikanischen Besatzungsgebiet gehörte. Dort heißt es unter der Überschrift »An das deutsche Volk. Befehle des Obersten alliierten Hauptquartiers«:

> »Die von den Nationalsozialisten errichteten Konzentrationslager werden unverzüglich übernommen und nach Freilassung der unschuldigen Lager-Insassen als Lager für verhaftete Nationalsozialisten Verwendung finden.« (Hessische Post, Nr. 4, 19. Mai 1945)

Damit war ausgesprochen, dass Buchenwald und andere Konzentrationslager im Rahmen der alliierten Entnazifizierungspolitik als Internierungslager vorgesehen waren. Als mit dem Wechsel der Besatzungsmacht im Sommer 1945 die sowjetische Militäradministration Thüringen und damit auch Buchenwald übernahm, vollzogen diese mit der Errichtung des »Speziallagers 2« Ende August 1945 die alliierte Beschlusslage.

Aus heutiger Sicht mag es wenig pietätvoll gewesen sein, an dem historischen Ort, an dem über 60.000 Menschen als KZ-Häftlinge ihr Leben gelassen hatten, das Speziallager einzurichten. Doch ist zu bedenken, dass kriegsbedingt keine anderen Haftmöglichkeiten vorhanden waren. So nutzten alle Besatzungsmächte zur Internierung vorhandene Einrichtungen, ehemalige Konzentrationslager, Kriegsgefangenenlager wie ehemalige Stalags (Moosburg, Ziegenhain, Hemer) oder große Haftstätten der Nazis. In der amerikanischen Zone waren in über 20 Lagern bis zu 190.000, in den 16 britischen Camps knapp 100.000, in den 9 französischen Lagern mehr als 60.000 und in den 11 sowjetischen Speziallagern über 200.000 Männer und Frauen kurz- oder längerfristig interniert.

### Das Speziallager 2 auf dem Ettersberg

Für Buchenwald kann man davon ausgehen, dass an diesem Ort über 28.000 Männer und Frauen interniert waren, wobei sie teilweise aus anderen Lagern nach deren Auflösung dorthin überführt worden waren, da das Speziallager 2 bis Februar 1950 bestand. Die durchschnittliche Belegung betrug 10.000 bis 12.000 Personen. Dies geht aus den vierzehntägigen Stärkemeldungen vom 20. August 1945 bis 11. Februar 1950 hervor. Jedoch geben die Zahlen der Abgänge keinen Aufschluss über Entlassungen, Todesfälle oder Verlegung in andere Lager.

Nach heutigem Kenntnisstand sind etwa 7.100 Internierte im Lager umgekommen. Die Zahl kann nicht überraschen, waren doch die Lebensverhältnisse in den Internierungslagern

– bei allen Unterschieden in den Besatzungszonen – alles andere als human, wobei nicht vergessen werden darf, dass die Nazis solche Unterbringung vorher selber den KZ-Häftlingen und Kriegsgefangenen zugemutet hatten. Fehlende Hygiene, mangelnde medizinische Versorgung und unzureichende Ernährung – auch in Buchenwald – führten zu dieser Totenzahl. Besonders schlimm war die Situation im Hungerwinter 1946/47, wo die tägliche Brotration auf 300 Gramm reduziert wurde. Dies entsprach zwar der Lebensmittelration der nichtarbeitenden Bevölkerung der sowjetischen Besatzungszone (SBZ) außerhalb der Lager, hatte aber für die Internierten schlimmere Konsequenzen, da sie keine Möglichkeiten hatten, anderweitig Essbares zu organisieren. Selbst Bestrebungen der sowjetischen Administration, unter den katastrophalen Bedingungen des Hungerwinters 1946/47 eine bessere Ernährung der Internierten zu gewährleisten, schlugen fehl. Trotzdem kann nicht von einem Vernichtungswillen der Besatzungsmacht gesprochen werden. So gab es keine Hinrichtungen im Speziallager. Die Stärkemeldungen und die damit bekannten Internierungszeiträume widerlegen zudem die Behauptung, eine Funktion der Speziallager habe darin gelegen, Gegner der gesellschaftlichen Umgestaltung in der SBZ auszuschalten. Über 75 % der Internierten waren bereits im Jahr 1945 verhaftet worden. Es ging also darum, ehemalige Nazis und andere der Besatzungsmacht potenziell gefährliche Personen aus dem Spiel zu nehmen.

**Die Internierten im Speziallager**

In den Richtlinien des NKWD (Volkskommissariat für Innere Angelegenheiten) vom September 1945 wurden als zu Internierende genannt:

Führende aktive Mitglieder der nationalsozialistischen Partei, Führer der faschistischen Jugendverbände auf Gebiets-, Stadt- und Kreisebene sowie Angehörige der Gestapo, des »SD« und anderer deutscher Terroreinheiten. Nach heutigem

Kenntnisstand waren 80 % der Internierten zivile Funktionsträger der Naziorganisationen. Auf der Homepage der Gedenkstätte finden sich dazu folgende Informationen:

> »Mehrheitlich waren Männer zwischen 40 und 60 Jahren interniert, über die Hälfte von ihnen waren lokale Funktionsträger der NSDAP (Block- und Zellenleiter) gewesen. Einige hatten der Polizei, der Gestapo oder der SS angehört. … Mit den Entlassungen im Jahr 1948 änderte sich die Zusammensetzung des Lagers. Vorwiegend wurden Block- und Zellenleiter entlassen, während Angehörige von der Polizei und Justiz im Lager weiter festgehalten wurden.« (buchenwald.de)

Ein ehemaliger Internierter schildert es so:

> »Da war ein Mitglied aus dem Verwaltungsrat der Deutschen Bank, … da waren einige größere Industrielle und Angestellte aus größeren Firmen der Erdöl- und Rundfunkindustrie [d. h. Wolfen, ein IG-Farben-Betrieb, U. Sch.], da waren einige höhere Regierungsbeamte, einige bekannte Journalisten, einige Polizei- und Wehrmachtsoffiziere bis zum Generalsrang.« (Ernst-E. Klotz: So nah der Heimat, S. 47)

Hinzu kamen Jugendliche, die als Funktionäre oder Mitglieder der Hitlerjugend unter Werwolf-Verdacht verhaftet worden waren. Die Zahl der internierten SS-Männer war relativ niedrig. Anders als in der amerikanischen Zone verblieben sie, wenn man ihrer habhaft geworden war, in den Kriegsgefangenenlagern. Viele von ihnen hatten sich aber auch vor dem Wechsel der Besatzungsmacht nach Westen »abgemacht«. Aber nicht nur die hatten den Abzug der Amerikaner genutzt.

> »Was irgendwie durch wirtschaftlichen Einfluss oder Reichtum bedeutend gewesen war, die gesamte höhere Verwaltung des Landes, die in der Stadt Goethes in prunkender Parteiuniform stolziert hatte, die Landräte, die Oberbürgermeister der großen Städte, das alles fehlte im Lager, weil es vor dem Russeneinmarsch ausgewichen war« (ebd., S. 46 f.),

schreibt Klotz verbittert. Und weiter:

> »Da war z.B. ein Dorf im Eisenacher Kreis, aus dem sämtliche Blockleiter fein säuberlich verhaftet und nach Buchenwald gebracht worden waren. ... Zellen- und Ortsgruppenleiter aus der Stadt Eisenach waren in hohem Prozentsatz im Lager, aus der benachbarten Stadt Meiningen fehlten sie fast ganz. Wo war überhaupt die höhere Parteiführung Thüringens? Wo waren die Mitarbeiter in den Stäben? Die höheren SA- und SS-Führer? Die Sachbearbeiter der Gauleitung? Sie befanden sich im Westen des Reiches und meist in Freiheit.« (ebd., S. 54)

Sieht man von den SS-Mitgliedern ab, dann entspricht diese Zusammensetzung der Internierten ungefähr jener in amerikanischen Lagern, wie 1947 in einer Studie über die 11.340 Internierten des »automatic arrest« im Lager Darmstadt ermittelt wurde. Dort gab es 3.621 Mitglieder der Waffen-SS, 2.595 Mitglieder der allgemeinen SS, 4.210 Politische Leiter der NSDAP, 295 SA-Führer, 5 HJ-Führer, 134 SD-Leute, 352 Mitarbeiter der Gestapo, 63 SS-»Angleichungsdienstgrade« der Polizei, 41 SS-»Ehrenränge« aus Ministerien und 41 Sonstige. Darüber hinaus gab es die Gruppe »security suspects«, worunter sowohl Jugendliche unter »Werwolf«-Verdacht wie auch Kritiker der Militärregierung fielen. Gerade die letzte Kategorie öffnete Formen von Willkür, bis hin zu persönlichen Racheakten, Tür und Tor.

### Alltag im Speziallager

In den Lagern herrschte eigentlich ein Arbeits- und Betätigungsverbot. Ein Internierter schilderte den Alltag so: »Der Tagesablauf bestand an sich nur im Warten auf das Essen. Wecken, waschen, Appell, Kaffee u[nd] Brot, warten, Mittag, Mittagsruhe, warten, Abendsuppe, warten, Bettruhe.« (Bodo Ritscher, Spezlager Nr. 2, Buchenwald, Weimar-Buchenwald 1993, S.48) Nur in der Lagerselbstversorgung durfte gearbeitet werden. Kulturelle Aktivitäten, wie Theater, Vorträge, Filmvorführungen, die sogenannte »Kultura«, wurden in Buchenwald bis Ende 1946 toleriert, zum Teil sogar gefördert. Versuche der politischen Aufklärung, wie die Vorführung von Filmen zum Nürnberger Prozess, zu Stalingrad oder der Spielfilm »Die junge Garde« stießen jedoch auf wenig Gegenliebe bei den internierten Nazis. Auch in amerikanischen Lagern waren bis Ende der 40er Jahre noch »Endsieg-Parolen« und Hitler-Gruß wahrnehmbar.

1948 gab es größere Entlassungen. Während vorher Einzelentlassungen, zumeist jedoch Deportationen zu Arbeitseinsätzen in die zerstörte Sowjetunion, die Zahl der Abgänge bestimmten, wurden im Sommer 1948 über 9.000 Internierte, vorrangig Frauen und Jugendliche, sowie kleinere Nazi-Chargen entlassen.

Eingesetzt hatte sich für sie besonders die evangelische Kirche, die sich in Gottesdiensten pauschal gegen die Internierungspraxis aussprach. Nachdem ab Ende 1947 christliche Traktate ins Lager geschickt werden durften, fanden später sogar Gottesdienste statt. Weihnachten 1949 predigte der thüringische Landesbischof D. Moritz Mitzenheim in Buchenwald.

Die Praxis in den Internierungslagern wurde durch das Zerbrechen der Anti-Hitler-Koalition und den Ost-West-Konflikt überlagert. Während in den Westzonen zahllose große Nazis als »Fachleute« unbestraft entlassen und in den politischen Aufbau der Bundesrepublik integriert wurden, wurde die konsequentere Haltung der Sowjetischen Militäradministration in Deutschland (SMAD) zum Ziel politischer Angriffe. Das Thema »Internierungslager« wurde im Westen gegen die SBZ aufs Schild gehoben. Mitte 1947 setzte das »SPD-Büro Schumacher« in Hannover das Gerücht in die Welt, in Buchenwald würden SPD-Mitglieder, die gegen die Vereinigung von SPD und KPD seien, gefangen gehalten. Berichte entlassener Internierter, die in den Westen gegangen waren, wurden von der Presse ins Phantastische überhöht: Angeblich bekämen Frauen in Buchenwald die Symbole Hammer und Sichel in die Haut eingebrannt, als Strafe müssten sie eine Nacht mit sowjetischen Wachmannschaften verbringen, und anderes mehr. Pfarrer Heinrich Grüber kritisierte damals, dass solche Westpropaganda weitere Entlassungen aus den Lagern in der SBZ 1948 verhindere.

Das Speziallager 2 auf dem Ettersberg wurde als eines der letzten Lager im Februar 1950 aufgelöst, die verbliebenen 2.400 Internierten wurden der Justiz übergeben. Im »Waldheim-Prozess« wurden die meisten von ihnen abgeurteilt. Dass auch hier neben der großen Zahl tatsächlicher Kriegsverbrecher einzelne nichtverantwortliche Internierte aufgrund pauschaler Vorwürfe verurteilt wurden, wird heute oftmals als Grundlage genommen, um alle Verfahren zu diskreditieren.

Im Westen waren schon 1949 sämtliche Internierten amnestiert entlassen. Wie wenig sich die ehemaligen Internierten gewandelt hatten, zeigte sich Anfang der 50er Jahre, als in der Bundesrepublik zahlreiche »Internierten-Treffen« stattfanden, auf denen »Wiedergutmachung« gefordert wurde. Auf einem Treffen der Internierten des Lagers Schwarzenborn sprachen zum Beispiel der NSDAP-Gauleiter von Kurhessen Weinrich, der Rüstungsindustrielle Fieseler sowie der ehemalige NSDAP-Abgeordnete Keller.

Die Internierungslager waren die Folge des KZ-Systems. Sie waren Angelegenheit der vier Alliierten und können, bei aller notwendigen Differenzierung, nicht als Beleg »stalinistischer Herrschaft« bezeichnet werden. Die Unterbringung und Verpflegung in den Internierungslagern waren alles andere als human, was die entscheidende Ursache für die Zahl von Todesopfern war. Auch in Buchenwald gab es solche Internierte, die – wenn überhaupt – nur mittelbare Verantwortung für die Naziverbrechen trugen. Daneben gab es einfache Verwechselungen, Verhaftungen auf Verdacht oder, schlimmer noch, Denunziationen aus rein persönlichen Gründen, die diese Menschen ins Lager brachten. Das war Ausdruck der Widersprüchlichkeit der Entnazifizierung.

**KZ-Häftlinge als Internierte**

Selbst ehemalige Häftlinge des KZ Buchenwald fanden sich in alliierten Internierungslagern wieder. Beispielsweise Robert Zeiler* und Georg Krausz**, die bei ihrer Rückkehr nach Berlin unter dem Vorwurf der Spionage verhaftet wurden und – ohne jede Gelegenheit, die Anwürfe zu entkräften – über das Lager Ketschendorf erneut nach Buchenwald kamen. Robert Zeiler bezeichnete als das Schlimmste, dass ihn die Internierung gleich machte mit denen, die nach seinem Dafürhalten verantwortlich dafür waren, dass die KZ-Häftlinge während der Nazizeit denunziert, verhaftet und ins Lager verbracht wurden.

Ehemalige KZ-Häftlinge wie Walter Bartel***, die nun in den neuen antifaschistischen Verwaltungen arbeiteten, setzten sich gegenüber den sowjetischen Besatzungsoffizieren für eine unverzügliche Freilassung ein. Diese Interventionen haben sicherlich dazu beigetragen, dass Robert Zeidler nach einigen Monaten entlassen wurde. Im Rückblick wehrte er sich gegen jeden Versuch, das Lager nach 1945 mit dem vor 1945 gleichzusetzen. Für ihn waren die Internierungslager die schreckliche Antwort auf die noch schrecklicheren Folgen des Völkermordes vor 1945.

Internierungen von ehemaligen Häftlingen gab es in allen Besatzungszonen. Der jüdische Häftling Ber Warzager**** wurde auf der Heimreise nach Köln von den Briten aufgegriffen und –

* 1923-1993, »politischer Mischling«, nach 1945 in Westberlin Mitglied der SPD.

** 1894-1973, geb. in Österreich-Ungarn, Journalist, KPD, deutscher Häftling, nach 1945 Journalist in Berlin/DDR u. a. stellv. Chefredakteur des *Neuen Deutschland.*

*** 1904-1992, KPD, deutscher Häftling, Vorsitzender des ILK, nach 1945 Historiker und stellvertretender Vorsitzender des Internationalen Komitees Buchenwald-Dora und Kommandos.

**** 1912-1988, in Polen geboren, jüdischer Häftling, nach 1945 Künstler in Köln.

da man seine Papiere nicht als echt anerkannte – mehrere Monate bei Paderborn in Internierungshaft gehalten. Warzager berichtet in seinen biografischen Notizen, dass er dort gemeinsam mit einem Sohn der Familie Krupp zu Bohlen und Halbach einsaß.

Wegen unbewiesener Anschuldigungen wurde Wilhelm Hammann, ehemals Blockältester im Kinderblock 8, der als kommunistischer Landrat bereits im antifaschistischen Neuaufbau in Groß-Gerau engagiert war, von den Amerikanern nach Dachau verbracht. Allein in Dachau befanden sich 30 Kommunisten, die zuvor in faschistischen Konzentrationslagern inhaftiert waren. Sie waren unter fadenscheinigen Gründen bzw. in Folge von Denunziationen inhaftiert worden und über ein Jahr in Internierungshaft gehalten worden.

Für Wilhelm Hammann engagierten sich nicht nur seine hessischen Mitgefangenen, sondern eine große Zahl von Buchenwald-Überlebenden, auch aus Frankreich und anderen Ländern. Dadurch sah sich die US-Militärjustiz, die ihn im Buchenwald-Prozess anklagen wolle, veranlasst, Hammann aus dem Internierungslager zu entlassen.

**Der Buchenwald-Prozess in Dachau**

Schon die Vorgeschichte des Buchenwald-Prozesses macht deutlich, dass die Aufarbeitung der Verbrechen im Lager vom zunehmenden Ost-West-Konflikt beeinflusst wurde.

Am 9. November 1945 unterbreitete der stellvertretende amerikanische Militärgouverneur Lucius D. Clay dem Leiter der SMAD, Wassili D. Sokolowski, den Vorschlag, das Buchenwald-Verfahren zu übernehmen, da sich das Lager jetzt in der sowjetischen Besatzungszone befände und ein Großteil der Opfer sowjetische Häftlinge gewesen seien. Die Materialien für diesen Prozess und die Angeklagten wollten die Amerikaner jedoch selber aussuchen. Sie weigerten sich, die kompletten Unterlagen, die sie beim Abzug aus Thüringen aus dem KZ Buchenwald mitgenommen hatten, an die sowjetische

Administration zurückzugeben. Insbesondere verweigerten sie eine Rückgabe bezogen auf den Komplex Mittelbau-Dora. Hatten sie doch bei ihrem Vormarsch im April 1945 nichts Eiligeres zu tun gehabt, als alle Unterlagen zur dortigen Raketenproduktion zu sichern und in die USA zu transportieren und die verantwortlichen Ingenieure und Organisatoren der Kriegsproduktion, wie Wernher von Braun, als »Spezialisten« gleich mit. Darauf ließ sich die SMAD jedoch nicht ein. Sie übernahm im September 1946 weder die von den Amerikanern ausgewählten Internierten, noch das von denen zusammengestellte Beweismaterial. Damit waren die US-Stellen selber in der Pflicht, die Verbrechen in Buchenwald juristisch zu ahnden. Vom 11. April 1947 bis zum 14. August 1947 wurde von der US-Militärgerichtsbarkeit im Internierungslager Dachau der Buchenwald-Prozess durchgeführt. Offiziell wurde der Fall als »United States of America vs Josias Prince zu Waldeck et al. – Case 000-50-9« bezeichnet.

Angeklagt in diesem Prozess waren 31 Personen, denen Kriegsverbrechen im Zusammenhang mit dem KZ Buchenwald und dessen Nebenlagern an Nichtdeutschen zur Last gelegt wurden. Dazu gehörten u. a. Josias zu Waldeck und Pyrmont, SS-Obergruppenführer, Höherer SS- und Polizeiführer im Wehrkreis IX und damit verantwortlich für das KZ Buchenwald; Herrmann Hackmann, SS-Hauptsturmführer und Adjutant des ehemaligen Lagerkommandanten Koch; Ilse Koch, die Ehefrau des Lagerkommandanten Karl Koch; Hermann Pister, SS-Oberführer und ebenfalls Lagerkommandant von Buchenwald; Emil Pleissner, SS-Hauptscharführer, der als Kommandoführer im Krematorium für die Ermordung zahlreicher Häftlinge verantwortlich war; Helmut Roscher, SS-Oberscharführer, einer der gefürchteten Rapportführer, der wahllos Bestrafungen gegen Häftlinge verkündete und exekutierte. Angeklagt war auch der Thälmann-Mörder Wolfgang Otto, der wegen Mithilfe und Teilnahme an Gewaltverbrechen als Leiter der Kommandantur-Schreibstube zu 20 Jahren Haft verurteilt wurde. Unter den Angeklagten befanden sich selbst Funktionshäftlinge, wie Arthur Dietzsch*, dem seine Mitwirkung an den Menschenversuchen des SS-Arztes Waldemar Hoven an zahllosen Häftlingen zur Last gelegt wurde.

Dieser Prozess stützte sich nicht nur auf die gefundenen Akten des Lagers, sondern ehemalige Buchenwald-Häftlinge aus mehreren europäischen Ländern sagten als Zeugen der Anklage aus.

Am 14. August 1947 erfolgte die Urteilsverkündung. Sämtliche Angeklagten wurden für »schuldig« erklärt. Es wurden 22 Todesurteile ausgesprochen, von denen aber nur die Hälfte vollstreckt wurde, sowie fünf lebenslange und vier langjährige Haftstrafen. Nach der Urteilsverkündung wurden die Verurteilten in das Kriegsverbrechergefängnis Landsberg überführt. Trotz Verurteilung zu lebenslanger Haft wurde Josias zu Waldeck und Pyrmont bereits am 29. November 1950 »aus gesundheitlichen Gründen« vorzeitig aus Landsberg entlassen. Ähnlich erging es weiteren zu Haftstrafen Verurteilten.

**Weitere Prozesse zu Buchenwald**

Auch in späteren Jahren fanden in der Bundesrepublik Prozesse gegen SS-Täter von Buchenwald statt. Die Urteile waren jedoch skandalös.

Angeklagt wurde 1958 etwa Hubert Wilhelm Leclaire, der als SS-Sturmscharführer Leiter des Erkennungsdienstes der Politischen Abteilung war. Nach Kriegsende lebte er unter falschem Namen, bevor er ab Anfang Oktober 1954 wieder im Polizeidienst eingestellt wurde. Gemeinsam mit SS-Hauptscharführer Martin Sommer, dem Verantwortlichen für den Bunker in Buchenwald, hatte Leclaire Häftlinge bis zur Bewusstlosigkeit

* 1901-1974, politischer Häftling, Kapo im Krankenrevier, nach 1945 schwerbehindert, kämpfte er Zeit seines Lebens um Rehabilitierung.

gefoltert. 1958 fand der Prozess vor der Ersten Großen Strafkammer in Düsseldorf statt. Im November sprach das Gericht den 52-jährigen Angeklagten zunächst »lediglich in drei Fällen für schuldig«. Am Ende erfolgte sogar ein Freispruch. Leclaire wechselte 1959 zur Kreispolizeibehörde nach Aachen, wo er erst Anfang der 1970 Jahre in den Ruhestand ging.

1959 begannen erste Ermittlungen gegen 30 Beschuldigte im Zusammenhang mit dem KZ Mittelbau-Dora. Erst nach acht Jahren wurde im November 1967 vor dem Schwurgericht am Landgericht Essen ein Verfahren eröffnet, und das nur noch gegen drei Angeklagte: gegen Helmut Bischoff, ehemaliger Befehlshaber der Sicherheitspolizei, gegen dessen Mitarbeiter Ernst Sander und gegen den einstigen leitenden Aufseher der Stollenanlage des Kohnsteins beim KZ Mittelbau-Dora, Erwin Busta.

Die Anklage bezog sich auf Erhängung und Erschießung von Häftlingen wegen Sabotage und Fluchtversuchen, zudem auf Massenexekutionen. »Besonders gravierend sind die in den letzten Kriegstagen erfolgten, als ›Sonderbehandlung‹ bezeichneten Massentötungen, denen am 10. März 1945 insgesamt 58 Häftlinge, am 21. und 22. März 1945 insgesamt 60 Häftlinge und Anfang April 1945 sieben Häftlinge zum Opfer fielen«, hieß es in der Anklageschrift.

Insgesamt 300 Zeugen aus dem In- und Ausland sagten aus. Der DDR-Anwalt Friedrich Karl Kaul vertrat als Nebenkläger ehemalige Mittelbau-Häftlinge aus der DDR und aus anderen Staaten Osteuropas. Er schaffte es, dass der ehemalige NS-Rüstungsminister Albert Speer Ende Oktober 1968 als Zeuge vor Gericht aussagte und der ehemalige V-Waffen-Ingenieur Wernher von Braun im deutschen Generalkonsulat von New Orleans zur Anklage vernommen wurde.

Ende Mai 1970 wurde das Verfahren gegen Helmut Bischoff wegen angeblicher gesundheitlicher Probleme eingestellt. Bischoff starb 1993. Ernst Sander und Erwin Busta wurden wegen »Beihilfe zum Mord« zu langjährigen Haftstrafen verurteilt, mussten diese jedoch aufgrund von Haftverschonung und Strafaufschub nicht antreten.

Ein eigenes Kapitel stellt der Thälmann-Mord-Prozess gegen den Hauptbeschuldigten Wolfgang Otto dar. Es begann damit, dass sich die bundesdeutsche Justiz viele Jahre weigerte, überhaupt ein Verfahren gegen die namentlich bekannten Täter zu eröffnen. Es bedurfte mehrerer Klage-Erzwingungsanträge von Rechtsanwalt Kaul, später von Rechtsanwalt Heinrich Hannover (Bremen), um überhaupt zu einem Prozess zu kommen. Die Staatsanwaltschaft in Köln versuchte mehrfach, ein Verfahren gegen Wolfgang Otto einzustellen, bevor es 1985 zum Prozess vor der Schwurgerichtskammer des Krefelder Landgerichts kam. In der sechsmonatigen Verhandlung gab es eine umfangreiche Beweisaufnahme, sogar einen Ortstermin in der Gedenkstätte Buchenwald und ein Urteil, das dem Tatvorwurf Rechnung trug.

Doch im März 1987 hob der Bundesgerichtshof dieses Urteil auf, mit der juristischen Begründung, dass der Mordvorwurf, der mit Heimtücke verbunden ist, nicht zu begründen sei, da Thälmann bei seinem Transport nach Buchenwald habe erwarten müssen, getötet zu werden. Es gehe, wenn überhaupt, um »Totschlag« und dieses Delikt sei verjährt. Zudem fehle ein weiteres Mordmerkmal. Otto seien – trotz der Belohnungen für das Kommando 99 nach solchen Morden – »niedere Beweggründe« nicht vorzuhalten.

Diese Entscheidung war, so hieß es in damaligen Kommentaren, ein wahrhaftiges Spiegelbild bundesdeutscher Gerichtsurteile zu NS-Tätern.

# VIII.
# Mahnungen eines Überlebenden
# Statt eines Nachworts

Die Debatte um die Erinnerung an Buchenwald bleibt aktuell. Zu einer Zeit, als die Angriffe auf die Gedenkstätte und das Vermächtnis der Überlebenden besonders massiv waren, hielt Emil Carlebach als Redner des Internationalen Komitees Buchenwald-Dora und Kommandos am 9. April 1995 zum 50. Jahrestag der Selbstbefreiung auf dem Appellplatz die nachfolgende Rede.

**Lasst nicht nach in Eurer Wachsamkeit!**

Wir trauern um mehr als 60.000 Kameraden, Väter, Brüder, Söhne, die hier auf dem Boden dieses KZ ermordet wurden. Durch Deutsche.

Wir trauern um weitere Zehntausende, die von hier aus nach Auschwitz, nach Dora, auf Todesmarsch geschickt wurden. Durch Deutsche.

Aber wir als deutsche Antifaschisten sind stolz darauf, dass wir in unbeugsamen Widerstand 21.000 Kameraden aller Nationalitäten vor der Ermordung retten konnten, unter ihnen 3.000 jüdische Menschen, 903 hilflose Kinder, die wir vor den Bestien schützen konnten, die sich unsere »deutschen Landsleute« nennen und die sich im Zuge des Kalten Krieges wieder als nützlich für eine zukünftige Barbarei anbieten konnten.

Es gibt und es gab zweierlei Deutsche. Kein Mensch hätte in Buchenwald umkommen müssen, wenn uns nicht 1933 die angeblichen Demokraten der Weimarer Republik feige und verräterisch im Stich gelassen hätten. Die Minister und Abgeordneten, Richter, Staatsanwälte und Beamten, die Offiziere und Polizeichefs – zu 99 Prozent hatten sie nur eines im Sinn: Dabei zu sein, mitzumachen, wenn die Beute verteilt wurde.

Sie sind weiter »ehrenwerte deutsche Wirtschaftsführer«. Sie sitzen im Wirtschaftsrat von Parteien, die sich demokratisch nennen.

Sie heben die Hand nicht mehr zum Hitlergruß, sondern nur noch zum Kassieren ihrer blutbesudelten Dividende.

Und die Herren Offiziere, die in Ost und West Dörfer und Städte zerbombten? Die Frauen und Kinder unter den Trümmern und in den Flammen ihrer Wohnstätten qualvoll umkommen ließen? Die Geiseln an die Wand stellten, und Millionen Menschen zur Sklavenarbeit nach Auschwitz, Buchenwald, Sachsenhausen, Dachau schleppten?

Sie haben die neue Wehrmacht aufgebaut – nach zwei Weltkriegen zum dritten Mal. Sie beziehen Pension und tragen ihre Hitler-Orden weiter, denn sie haben ja »wohlerworbene Ansprüche« an den Staat, der schon wieder dabei ist, seine jetzige Wehrmacht weltweit einzusetzen. Weltweit!

Nein, das haben wir nicht gewollt, als wir 1945 hier auf dem Appellplatz den Schwur leisteten, nicht zu ruhen, bis der Letzte der Schuldigen vor den Richtern der Völker steht. Und eine Welt des Friedens und der Freiheit aufbauen zu helfen.

Es sah ja zunächst so aus, als ob unser Schwur in Erfüllung ginge: Zehn Jahre lang existierte Deutschland ohne Armee. Das Grundgesetz von 1949 kannte keine deutschen Soldaten. Die Konzerne sollten aufgelöst werden, die Nazi-Partei wurde verboten. Ihre Helfershelfer interniert. Auch hier in Buchenwald wurden die Verdächtigen in denselben Stacheldraht eingesperrt, hinter dem zuvor 60.000 unserer Kameraden umgekommen waren.

Aber dann setzte »die Wende« ein. Das war lange vor 1989: Der Mann, der das Handbuch für Auschwitz und den Holocaust geschrieben hatte, Herr Globke, wurde der Mann, der den Staatsapparat in Westdeutschland aufbaute und seine alten Freunde wieder in Amt und Würden brachte.

Ein Altnazi, der von den Amerikanern zwei Jahre lang interniert worden war, wie die Russen hier andere internierten, der Altnazi Kiesinger, wurde gar Bundeskanzler, Chef der Regierung des von Herrn Globke zusammengestellten Staatsapparates. Und es wären noch viele Namen zu nennen.

Die Antifaschisten wurden wieder ausgegrenzt, verleumdet, verfolgt. Die aber, die nach 1945 auf alliierten Beschluss interniert worden waren, die sollten nun zu »Märtyrern der Nation« hochstilisiert werden.

Dies traf nicht nur uns, die Masse der unbekannten Naziopfer. Auch der Bundeskanzler Willy Brandt, Friedensnobelpreisträger, wurde im Wahlkampf durch »demokratische« Konkurrenten als »Landesverräter« beschimpft, weil er die Uniform eines von den Nazis vergewaltigten Landes getragen hatte.

Der Leiter der »politischen Abteilung« von Buchenwald, also der Gestapo-Chef des KZ, SS-Hauptsturmbannführer Leclaire, wurde Kriminalbeamter in Düsseldorf. Der berüchtigte Rapportführer Strippel, dessen Blutspur sich von Buchenwald aus durch Polen und Holland zieht, bis er am Schluss noch in Hamburg jüdische Kinder an Heizungsrohren aufhängen ließ, dieser Mann wurde zunächst tatsächlich verurteilt – und dann, weil seine Strafe angeblich »zu hoch« gewesen sei, mit 125.000 Mark »entschädigt«. Eine solche Summe erhielt keines der Opfer dieses deutschen Herrenmenschen.

Der Mörder Ernst Thälmanns, der SS-Stabsscharführer Otto, wurde freigesprochen – und wurde Religionslehrer.

Und die Giftgasverbrecher? Die Blutsäufer, die aus unserer Sklavenarbeit Millionen und Abermillionen scheffelten? Die IG Farben? Der Siemens-Konzern? Die Flick und Krupp, die Deutsche und die Dresdner Bank, und wie sie alle hießen und heißen? Sie sind reich und reicher geworden an unserer Sklavenarbeit! An den Goldzähnen, die sie unseren Vätern, Brüdern und Söhnen haben ausreißen lassen! An den Frauenhaaren, die sie den im Gas der IG Farben erstickten Müttern, Schwestern, Töchtern haben abschneiden lassen.

Wenn die Herren Professoren heute Täter suchen, dort können sie sie finden.

Und natürlich passte diese Gedenkstätte, die das Volk der DDR errichtete, dieses Mahnmal des Widerstands, der Selbstbefreiung der

Antifaschisten nicht in diese Atmosphäre. Nein: Die Internierten von 1945, die sollen »angemessen gewürdigt« werden.

Wir aber, so darf es heute sogar gedruckt verbreitet werden, wir, die wir 21.000 Opfer der Nazis gerettet haben, wir, die wir 903 Kinder beschützt und vor der Gaskammer gerettet haben, wir hätten doch mit der SS zusammengearbeitet!?

Warum diese dreiste Lüge? Die Erklärung ist einfach: Es soll vergessen gemacht werden, wer tatsächlich mit den Verbrechern und ihrem Terrorregime – bis fünf Minuten nach zwölf – zusammengearbeitet hat: Die Generäle und Offiziere, die Beamten und Richter, die Polizeichefs und Staatsanwälte. Sie waren Stütze und Träger des Regimes.

Und wenn es bisher nicht gelungen ist, diese unsere Gedenkstätte zu liquidieren, aus ihr eine Nazi-Walhalla zu machen, dann danken wir das vor allem Euch, die Ihr in aller Welt, in den USA wie in Frankreich, in Israel wie in Dänemark, in Belgien, Holland wie hier in Deutschland selber, in kameradschaftlicher Solidarität mit uns diese unsere Gedenkstätte gegen alle Anschläge verteidigt habt. Und so soll es auch bleiben.

Morgen oder übermorgen seid Ihr wieder zuhause; aber lasst nicht nach in Eurer Wachsamkeit. Lasst Euch durch schöne Worte nicht beruhigen. Unser Schwur gilt heute wie vor 50 Jahren: »Für eine Welt des Friedens und der Freiheit«.

Zu Frieden und Freiheit aber gehört die Tradition des Kampfes gegen den Faschismus, gegen Antisemitismus und Herrenmenschentum. In diesem Kampfe waren wir vereint, in diesem Kampfe bleiben wir vereint. Denn es geht um unsere Zukunft, um die Zukunft unserer Kinder.

# Kurze Chronik zum KZ Buchenwald

**1937**

**15./16. Juli:** Eintreffen von 149 Häftlingen, darunter 52 politische Gefangene, aus dem KZ Sachsenhausen im KZ Ettersberg. SS-Obersturmbannführer Karl Koch, Kommandant im KZ Sachsenhausen, wird zum Kommandanten ernannt.

**28. Juli:** Umbenennung des KZ Ettersberg in »Konzentrationslager Buchenwald / Post Weimar« durch Heinrich Himmler.

**7. August:** Eintreffen von 625 Häftlingen aus dem KZ Lichtenburg, unter ihnen die Kommunisten Walter Stoecker, Abgeordneter des Reichstags, Albert Kuntz, Mitglied des Preußischen Landtages, Dr. Theodor Neubauer, Abgeordneter des Reichstags.

**13. August:** Erster Toter in Buchenwald: Hermann Kempek, Arbeiter, 23 Jahre alt.

**19. August:** 50 Häftlinge, darunter Walter Krämer, Abgeordneter der KPD im Preußischen Landtag, treffen aus dem KZ Lichtenburg ein.

**27. November:** Einlieferung des evangelischen Pfarrers Paul Schneider.

**1. Dezember:** Der Häftling Weinreiter versucht zu fliehen. Bei der Suche werden vier Häftlinge, u. a. der Kommunist Oskar Fischer und der Sozialdemokrat Johannes Bremer, von der SS »auf der Flucht« erschossen.

**Dezember:** Block 4 im Hauptlager wird als Häftlingskrankenbau eingerichtet.

**31. Dezember:** Lagerstärke: 2.561 Häftlinge. Ermordete Häftlinge seit Juli: 49.

**1938**

**20. April:** Pfarrer Paul Schneider weigert sich, bei einer befohlenen Ehrung für Adolf Hitler auf dem Appellplatz die Mütze abzunehmen, und wird in den Bunker geworfen.

**8. Mai:** Erste Transporte im Rahmen der Aktion »Arbeitsscheu Reich« in das KZ Buchenwald.

**4. Juni:** Zwei Häftlinge fliehen, die SS bestraft das gesamte Lager. Einer wird im Reichsgebiet ergriffen und später auf dem Appellplatz erhängt.

**Juni:** Die politischen Häftlinge Arthur Wyschka und Ernst Frommhold werden von der SS zum Lagerältesten I und II ernannt.

**30. Juni:** Einlieferung von etwa 3.000 sogenannten »Asozialen«.

**23./24. September:** 2.000 jüdische Häftlinge, Deutsche und Österreicher, treffen aus dem KZ Dachau in Buchenwald ein.

**10.-13. November:** Im Gefolge der Reichspogromnacht verschleppt die SS fast 10.000 jüdische Menschen nach Buchenwald. Sie werden in den provisorischen Holzbaracken Ia bis Va untergebracht.

**Jahreswende:** Ausbruch einer Typhusepidemie. Die Blocks 2 und 8 des Großen Lagers werden als Krankenhilfestationen eingerichtet.

**31. Dezember:** Lagerstärke: 11.028 Häftlinge.

**1939**

**15. Februar:** Auflösung des Sonderlagers für die jüdischen Häftlinge, Abbruch der Baracken Ia bis Va.

**1. April:** Einrichtung des »Standesamtes Weimar II« in der Politischen Abteilung. Bis zu diesem Zeitpunkt wurden Tote des KZ Buchenwald im Standesamt der Stadt Weimar registriert.

**April:** Eintreffen der ersten tschechischen Häftlinge.

**20. April bis Anfang Mai:** Entlassung von rd. 2.300 Häftlingen wegen einer Gnadenaktion zum »Geburtstag des Führers«. Benennung von Ernst Busse als Lagerältester II und Erich Reschke als Lagerältester III. Ein Teil der Entlassenen wird im September 1939 als »Aktionshäftlinge« und im August 1944 im Zusammenhang mit der Aktion »Gitter« erneut verhaftet.

**18. Juli:** Ermordung von Pfarrer Paul Schneider im Häftlingskrankenbau.

**1. September:** Überfall auf Polen, Beginn des Zweiten Weltkriegs.

**4. September:** Etwa 2.500 jüdische Häftlinge aus Österreich, vornehmlich aus Wien, werden eingeliefert.

**September:** 756 Häftlinge aus der ČSR werden eingeliefert.

**5. Oktober:** 181 Angehörige der polnischen Minderheit in Deutschland werden eingeliefert.

**15./16. Oktober:** Einlieferung von 2.098 polnischen Bürgern. Sie werden in Zelten auf dem Appellplatz untergebracht (»Rosengarten«). 123 Polen werden in einem Stacheldrahtkäfig zu Tode gequält.

**9. November:** Ermordung von 21 jüdischen Häftlingen als Racheakt wegen des Elser-Attentats auf Adolf Hitler. Die SS befiehlt drei Tage Essensentzug für alle jüdischen Häftlinge.

**Dezember:** Ruhrepidemie im Zeltlager als Folge schlechter hygienischer Verhältnisse. Anfang Januar 1940 Impfung mit noch nicht zugelassenem Impfstoff des IG-Farben-Konzerns.

**31. Dezember:** Lagerstärke: 11.807 Häftlinge. Außenkommandos: 3.

**1940**

**12. Februar:** Auflösung des Zeltlagers auf dem Appellplatz; Überlebende kommen in das Große Lager.

**Frühjahr:** Inbetriebnahme des ersten Ofens des Krematoriums. Vorher wurden Leichen in fahrbaren Öfen auf dem Appellplatz bzw. in den städtischen Krematorien Weimar u. a. verbrannt.

**4. März:** Deportation von tausend Häftlingen in das KZ Mauthausen.

**3. April:** Ernst Heilmann, ehem. SPD-Fraktionsvorsitzender in Preußen, wird mit einer Giftinjektion ermordet.

**2. Juli:** 216 niederländische Beamte und Offiziere werden eingeliefert.

**31. Dezember:** Lagerstärke: 7.440 Häftlinge. Außenkommandos: 5.

**1941**

**Februar:** Nach einem Streik in Amsterdam verhaften die deutschen Besatzer Anfang 1941 jüdische Bürger; 389 von ihnen werden ins KZ Buchenwald verschleppt.

**22. Mai:** Deportation von 691 Häftlingen (davon 341 niederländische Juden) in das KZ Mauthausen.

**6. Juni:** Erlass der Wehrmachts-»Richtlinien für die Behandlung politischer Kommissare« (»Kommissar-Befehl«).

**22. Juni:** Überfall auf die Sowjetunion.

**13.-14. Juli:** Beginn der Euthanasie-Aktion »14 f 13«, 187 jüdische Häftlinge werden zur Vergasung in die Heil- und Pflegeanstalt Sonnenstein bei Pirna (Sachsen) gebracht.

**16. September:** Erste Mordaktion an sowjetischen Offizieren gemäß »Kommissar-Befehl«.

**September:** SS-Lagerkommandant Karl Koch wird in das KZ Lublin versetzt. SS-Standartenführer Hermann Pister wird im Dezember neuer Kommandant.

**18. Oktober:** Eintreffen von etwa 2.000 sowjetischen Kriegsgefangenen.

**Oktober:** Umbau eines Pferdestalls außerhalb des Lagers zu einer Genickschussanlage. In ihr werden insgesamt 8.483 Angehörige der sowjetischen Armee ermordet.

**6. November:** Ermordung der Kommunisten Walter Krämer und Karl Peix im Außenlager Dora.

**29. Dezember:** Errichtung einer Fleckfieber-Versuchsstation zunächst in den Blöcken 44 und 49 zur Erprobung von Impfstoffen an Häftlingen.

**31. Dezember:** Lagerstärke: 7.911 Häftlinge. Außenkommandos: 10.

**1942**

**Anfang des Jahres:** Eintreffen der ersten französischen Häftlinge.

**2.-12. März:** Vernichtungstransporte der Aktion »14 f 13« in die Heil- und Pflegeanstalt Bernburg (Saale) mit 360 Häftlingen.

**17. März:** Transport mit 400 politischen Häftlingen in das KZ Natzweiler.

**30. April:** Befehl des SS-Wirtschaftsverwaltungshauptamtes: »Der Lagerkommandant allein ist verantwortlich für den Einsatz der Arbeitskräfte. Dieser Einsatz muss im wahrsten Sinne des Wortes erschöpfend sein.«

**Frühjahr:** Aufbau eines Quarantänelagers für Häftlingszugänge, das »Kleine Lager«. Die Baracken bestehen aus 16 Pferdeställen der Wehrmacht, in die bis zu 1.500 Menschen gepfercht werden.

**Juli:** Auf Befehl der SS Einrichtung eines Lagerschutzes von zunächst 20 bis 30 Häftlingen. Baubeginn der Gustloff-Werke II Buchenwald.

**14. Dezember:** Befehl Heinrich Himmlers an den Gestapo-Chef, bis Ende Januar 1943 mindestens 35.000 arbeitsfähige Häftlinge in die Konzentrationslager einzuweisen.

**Ende des Jahres:** Der politische Häftling Reinhold Lochmann baut in der DAW-Elektrikerwerkstatt einen illegalen Empfänger zum Abhören der Sender Moskau und London.

**31. Dezember:** Lagerstärke: 9.517 Häftlinge. Außenkommandos: 12.

**1943**

**Februar:** Bildung des Kommandos Lagerfeuerwehr.

**26. Februar:** Befehl Heinrich Himmlers zum Bau einer Eisenbahnlinie vom Bf. Weimar zum KZ Buchenwald zur Versorgung der Gustloff-Werke.

**12. März:** Produktionsaufnahme in den Gustloff-Werken II Buchenwald.

**21. Juni:** Inbetriebnahme der Eisenbahnlinie Buchenwald-Weimar in Anwesenheit Heinrich Himmlers.

**Juli:** Bildung des illegalen Internationalen Lagerkomitees (ILK) unter Vorsitz des deutschen Kommunisten Walter Bartel. Später Aufbau einer Illegalen Militärorganisation (IMO).

**28. August:** Errichtung des Außenlagers »Dora«; erster Transport von 107 Häftlingen (Baufacharbeiter) zum Bau unterirdischer Produktionsstätten für V-Waffen im Kohnstein bei Nordhausen.

**August:** Ankunft der ersten italienischen und jugoslawischen Häftlinge.

**21. September:** Errichtung des Außenlagers »Laura«. Das Kommando wird bei der Verlagerung der Flugzeugproduktion in unterirdische Produktionsstätten zum Stollenbau eingesetzt.

**5. Oktober:** Gründung eines illegalen »Polnischen Verständigungskomitees«.

**Ende des Jahres:** Errichtung eines Häftlings-Sanitätstrupps auf Befehl der SS. Aufnahme französischer, belgischer und spanischer Häftlinge in die illegale Militärorganisation. Aufbau der Halle 13 in den Gustloff-Werken II Buchenwald für die Produktion von Teilen der Rakete »V2«.

**31. Dezember:** Lagerstärke: 37.319 Häftlinge, Außenkommandos: 20.

**1944**

**13. Januar:** Einlieferung von 349 norwegischen Studenten.

**25. Januar:** Ankunft von 1.939 französischen Häftlingen aus dem KZ Compiègne; unter ihnen Colonel Frédéric Henri Manhès.

**1. April:** Im Außenlager »Dora« weigern sich die politischen Häftlinge Georg Thomas und Ludwig Szymczak, Henkersarbeit zu leisten, und werden deshalb in den Bunker geworfen. Beginn der Raketenproduktion »V2« in »Dora«.

**24. Mai:** Einlieferung von 1.677 französischen Häftlingen aus dem KZ Auschwitz.

**Anfang Juni:** Einlieferung von 1.000 ungarischen Juden aus dem KZ Auschwitz und aus Budapest. Bildung des Comité des Intérêts Française (Komitee für französische Interessen) und der Brigade Française d'Action Liberatrice (Französische Brigade der Befreiungsaktion). Der sowjetische Häftling Pawel Lysenko und der polnische Häftling Zdzisław Lewandowski stellen im Auftrag der IMO im Keller der Häftlingskantine die ersten Handgranaten her.

**5. Juli:** Erste Sitzung des illegalen Volksfrontkomitees; Vorsitzender: Hermann Brill (SPD), Mitglieder: Werner Hilpert (Zentrumspartei), Ernst Thape (SPD), Walter Wolf (KPD).

**20. Juli:** Gescheitertes Attentat auf Hitler. Zahlreiche deutsche Antifaschisten werden im Rahmen der Aktion »Gitter« anschließend ins KZ Buchenwald eingewiesen.

**Juli:** Bildung einer Brandwache aus Häftlingen auf Befehl der SS.

**1. August:** Befehl Adolf Hitlers über »Sippenhaft«: Familienangehörige antinazistischer Offiziere werden verhaftet. In Buchenwald wird das »Sonderlager Fichtenhain« errichtet.

**14. August:** Befehl Hitlers an Himmler zur Ermordung des Vorsitzenden der KPD Ernst Thälmann.

**17./18. August:** Ernst Thälmann wird, nachdem er heimlich ins KZ Buchenwald gebracht wurde, im Hof des Krematoriums erschossen.

**24. August:** Bombenangriff der alliierten Luftwaffe auf die Gustloff-Werke II Buchenwald, den SS-Bereich und die SS-Führerhäuser. Getroffen wird auch das »Sonderlager Fichtenhain«. 315 Häftlinge werden getötet, weitere 49 erliegen in den folgenden Tagen ihren Verletzungen.

**18. September:** Illegale Totenfeier für Ernst Thälmann im Keller der Desinfektion.

**30. September bis 9. Oktober:** Einlieferung von 1.953 dänischen Polizisten.

**28. Oktober:** Das Außenkommando »Dora« wird selbstständiges Konzentrationslager unter der Bezeichnung »Mittelbau-Dora« mit

32.532 Häftlingen und 23 Außenlagern. Das Lager wird ausschließlich für den Einsatz von Häftlingen in der Raketenproduktion ausgebaut.

**November:** Unter der Bezeichnung »Zwischenhaft II« kommen Wehrmachtsangehörige, die von Kriegsgerichten zu Freiheitsstrafen verurteilt waren, als Häftlinge in das KZ Buchenwald.

**31. Dezember:** Lagerstärke: 63.048 Häftlinge (Männer). Dazu kommen 24.210 Frauen in Außenkommandos. Außenkommandos: 117.

**1945**

**5. Januar:** 46 Geistliche werden in das KZ Dachau transportiert.

**20.-27. Januar:** Eintreffen von annähernd 10.000 Häftlingen aus dem KZ Auschwitz.

**31. März:** Lagerstärke: 80.436 Häftlinge; davon etwa 50.000 im Stammlager Buchenwald. Außenkommandos: 106.

**April:** Häftlinge treffen aus den Außenkommandos im Lager Buchenwald ein.

**4. April:** Beginn der Evakuierung jüdischer Häftlinge auf »Todesmarsch«.

**6. April:** Geplanter Mord der SS an 46 Häftlingen. Sie werden auf Anweisung des ILK im Lager versteckt. Anweisung vom SS-RSHA an den Lagerkommandanten, das Lager Buchenwald zu räumen.

**7.-10. April:** Weitere Evakuierungen aus dem Lager, das ILK betreibt Hinhaltetaktik – mit Erfolg.

**8. April:** Häftlinge schicken mit einem illegalen Sender Funkspruch an die amerikanische Armee. Evakuierung von 4.800 Häftlingen in Richtung Dachau.

**9./10. April:** In der Nacht werden 24 im Bunker einsitzende Häftlinge durch die SS ermordet. Wegen Fluchtabsicht werden 16 SS-Angehörige von der SS erschossen.

**11. April:** Auf Weisung des ILK erteilt um 14.30 Uhr der Leiter der IMO den Befehl zum Aufstand. Die Kampfgruppen der Häftlinge erstürmen das Haupttor, reißen den Stacheldrahtzaun nieder, besetzen die Bewachungstürme, nehmen Wachmänner fest und erobern Waffen. Das ILK bestätigt seinen bisherigen Vorsitzenden Walter Bartel zum Vorsitzenden des Internationalen Lagerkomitees.

**12. April:** »Freiheitsappell« der etwa 21.000 Überlebenden.

**13. April:** Übernahme des befreiten Lagers durch eine Abteilung der III. US-Armee. Übergabe der gefangenen SS- und Wachleute. Der amerikanische Kommandant ordnet die sofortige Abgabe der Waffen an.

**15. April:** General Patton, Kommandeur der III. US-Armee, besichtigt das Lager Buchenwald.

**16. April:** Tausend Weimarer Bürger werden zum Besuch auf dem Ettersberg verpflichtet.

**19. April:** Totenfeier für die im KZ Buchenwald und seinen Außenlagern ermordeten Häftlinge mit dem »Schwur von Buchenwald«.

**1. Mai:** Internationale Mai-Kundgebung auf dem Appellplatz.

**2. Mai:** Der US-Kommandant in Buchenwald befiehlt die Auflösung des ILK, da dessen Aufgaben jetzt durch Repräsentanten der einzelnen Nationen übernommen werden sollten.

**Mai:** Beginnende Rückkehr der Häftlinge in ihre Heimatländer

**3. Juli:** Übergabe des Lagers Buchenwald durch die amerikanische Besatzung an Vertreter der Sowjetischen Militäradministration in Deutschland SMAD.

# Literaturhinweise

Zum KZ Buchenwald gibt es eine schier unübersehbare Zahl von Veröffentlichungen. Die hier genannten Literaturhinweise liefern Ansatzpunkte zur vertiefenden Betrachtung des Themas.


Apitz, Bruno: Nackt unter Wölfen, Halle (Saale) 1960 (verschiedene Auflagen)

Brill, Hermann: Gegen den Strom. (=Wege zum Sozialismus, Heft 1), Offenbach 1946

Buchenwald. Mahnung und Verpflichtung, hrsg. im Auftrag der FIR, Ost-Berlin 1960 (verschiedene Auflagen)

Carlebach, Emil / Schmidt, Willy / Schneider, Ulrich: Buchenwald. Ein Konzentrationslager, hrsg. im Auftrag der Lagergemeinschaft Buchenwald-Dora, Bonn 2000

Drobisch, Klaus: Widerstand in Buchenwald, Ost-Berlin 1977

Durand, Pierre: Die Bestie von Buchenwald, Ost-Berlin 1986

Greiser, Katrin: Die Todesmärsche von Buchenwald. Räumung, Befreiung und Spuren der Erinnerung, hrsg. von der Stiftung Gedenkstätten Buchenwald und Mittelbau-Dora, Göttingen 2008

Günther, Gitta / Hoffmann, Gerhard: Konzentrationslager Buchenwald 1937 bis 1945. Kleines Lexikon, Ilmenau 2016

Haberland, Ernst: Der Pelerinenmann, Ost-Berlin, 1981

Hackett, David A.: Der Buchenwald-Report. Bericht über das Konzentrationslager bei Weimar, München 1996

Hochmuth, Peter: Der illegale Widerstand der Häftlinge des KZ Mittelbau-Dora, hrsg. von der Lagerarbeitsgemeinschaft Buchenwald-Dora e.V., Schkeuditz 2000

Hochmuth, Peter / Hoffmann, Gerhard: Buchenwald, ich kann dich nicht vergessen. Lebensbilder, Berlin 2007

Klotz, Ernst-E.: So nah der Heimat. Gefangen in Buchenwald 1945-1948, Bonn 1992

Kogon, Eugen: Der SS-Staat. Das System der deutschen Konzentrationslager, München 1974 (verschiedene Auflagen)

Konzentrationslager Buchenwald: Bericht des Internationalen Lagerkomitees Buchenwald, Weimar o. J. (1945)

Konzentrationslager Buchenwald: Post Weimar / Thür., Katalog zur Ausstellung im Martin-Gropius-Bau Berlin (West), hrsg. von der Nationalen Mahn- und Gedenkstätte Buchenwald, Weimar 1990

Kühn, Günter / Weber, Wolfgang: Stärker als die Wölfe. Ein Bericht über die illegale militärische Organisation im ehemaligen Konzentrationslager Buchenwald und den bewaffneten Aufstand, Ost-Berlin 1976

Peters, Ulrich: Wer die Hoffnung verliert, hat alles verloren. Kommunistischer Widerstand in Buchenwald, Köln 2003

Poller, Walter: Arztschreiber in Buchenwald, Hamburg 1947.

Rusch, Ludwig: Das war Buchenwald, Leipzig o. J.

Schley, Jens: Nachbar Buchenwald. Die Stadt Weimar und ihr Konzentrationslager 1937-1945, Köln / Weimar / Wien 1999

Schneider, Ulrich / Stein, Harry: IG-Farben AG, Abt. Behringwerke Marburg – KZ Buchenwald – Menschenversuche, Kassel 1986

Schramm, Gert: Wer hat Angst vorm schwarzen Mann. Mein Leben in Deutschland, Berlin 2011

Seidel, Irmgard: Frauenaußenlager des KZ Buchenwald, hrsg. Lagerarbeitsgemeinschaft Buchenwald-Dora e.V., 2., erw. Auflage, Berlin 2019

Semprún, Jorge: Was für ein schöner Sonntag, Frankfurt/M. 1981

Stein, Harry (Hg.): Konzentrationslager Buchenwald 1937-1945. Begleitband zur ständigen historischen Ausstellung der Gedenkstätte Buchenwald, Göttingen 1999.

Wagner, Jens-Christian: Produktion des Todes. Das KZ Mittelbau-Dora, Göttingen 2001

Wagner, Jens-Christian (Hg.): Konzentrationslager Mittelbau-Dora 1943-1945. Begleitband zur ständigen Ausstellung in der KZ-Gedenkstätte Mittelbau-Dora, Göttingen 2007

Wiechert, Ernst: Der Totenwald, Berlin 1947

**Gedenkstätten Buchenwald und Mittelbau-Dora**

Auf der Homepage der Stiftung Gedenkstätten Buchenwald und Mittelbau-Dora finden sich ebenfalls weiterführende Informationen: www.buchenwald.de, www.dora.de

**Die Zeitschrift ›Die Glocke vom Ettersberg‹**

Seit 1958 informiert die Zeitschrift *Die Glocke vom Ettersberg* viermal im Jahr über geschichtspolitische Debatten zum KZ Buchenwald. Kontakt unter: Lagergemeinschaft Buchenwald-Dora / Freundeskreis e.V., Eckenheimer Landstr. 93, 60318 Frankfurt/M. (www.lagergemeinschaft-buchenwald.de, lag-buch@muenster.org)

VERLAGSANZEIGE